研究阐释党的二十大精神丛书

上海市哲学社会科学规划办公室
上海市习近平新时代中国特色社会主义思想研究中心 —— 编

中国特色世界水平的现代教育探索

王中奎 ⊙ 著

上海人民出版社

出版前言

党的二十大是在全党全国各族人民迈上全面建设社会主义现代化国家新征程、向第二个百年奋斗目标进军的关键时刻召开的一次十分重要的大会。这次大会系统总结了过去5年的工作和新时代10年的伟大变革，阐述了开辟马克思主义中国化时代化新境界、中国式现代化的中国特色和本质要求等重大问题，对全面建设社会主义现代化国家、全面推进中华民族伟大复兴进行了战略谋划，对统筹推进"五位一体"总体布局、协调推进"四个全面"战略布局作出了全面部署，在党和国家历史上具有重大而深远的意义。

为全面学习、全面把握、全面落实党的二十大精神，深刻揭示党的创新理论蕴含的理论逻辑、历史逻辑、实践逻辑，在中共上海市委宣传部的指导下，上海市哲学社会科学规划办公室以设立专项研究课题的形式，与上海市习近平新时代中国特色社会主义思想研究中心、上海市中国特色社会主义理论体系研究中心联合组织了"研究阐释党的二十大精神丛书"（以下简称丛书）的研究和撰写。丛书紧紧围绕强国建设、民族复兴这一主题，聚焦习近平新时代中国特色社会主义思想，聚焦新时代党中央治国理政的伟大实践，力求对党的创新理论进行学理性研究、系统性阐释，对党的二十大作出的重大战略举措进行理论概括和分析，对上海先行探索社会主义现代化的路径和规律、勇当中国式现代化的开路先锋进行理论总结和提炼，体现了全市理论工作者高度的思想自觉、政治自觉、理论自觉、历史自觉、行动自觉。丛书由上海人民出版社编辑出版。

丛书围绕党的二十大提出的新思想新观点新论断开展研究阐释，分领域涉及"第二个结合"实现之路、中国式现代化道路、五个必由之路、中国共产党的自我革命、斗争精神与本领养成、国家创新体系效能提升、中国特色世界水平的现代教育探索、人民城市规划建设治理、超大城市全过程人民民主发展、数字空间安全、长三角一体化发展示范区等内容，既有宏观思考，也有中观分析；既有理论阐述，也有对策研究；既有现实视野，也有前瞻思维。可以说，丛书为学习贯彻习近平新时代中国特色社会主义思想和党的二十大精神提供了坚实的学理支撑。

丛书的问世，离不开中共上海市委常委、宣传部部长、上海市习近平新时代中国特色社会主义思想研究中心主任、上海市中国特色社会主义理论体系研究中心主任赵嘉鸣的关心和支持，离不开市委宣传部副部长、上海市习近平新时代中国特色社会主义思想研究中心常务副主任、上海市中国特色社会主义理论体系研究中心常务副主任潘敏的具体指导。上海市哲学社会科学规划办公室李安方、吴净、王云飞、徐逸伦，市委宣传部理论处陈殷华、俞厚未、姚东、柳相宇，上海市习近平新时代中国特色社会主义思想研究中心叶柏荣等具体策划、组织；上海人民出版社编辑同志为丛书的出版付出了辛勤的劳动。

"全面建设社会主义现代化国家，是一项伟大而艰巨的事业，前途光明，任重道远。"希望丛书的问世，能够使广大读者加深对中华民族伟大复兴战略全局和世界百年未有之大变局、对中国共产党人更加艰巨的历史使命、对用新的伟大奋斗创造新的伟业的认识，能够坚定我们团结奋斗、开辟未来的信心。

目　录

前　言

习近平总书记指出："今天的中国，是紧密联系世界的中国。"① 中国的发展离不开世界，世界的繁荣也需要中国。中国始终把自身发展置于人类发展的坐标系中，在紧密联系世界中发展自身，并以自身发展促进世界的繁荣稳定。今天我们不仅需要放眼海外去认识世界、合理吸收借鉴人类文明一切优秀成果，还要把中国的过去、现代和未来放在国际视野下进行审视。一个国家选择什么样的现代化道路，是由其历史传统、社会制度、发展条件、外部环境等诸多因素决定的。国情不同，现代化途径也会不同。实践证明，一个国家走向现代化，既要遵循现代化一般规律，更要符合本国实际，具有本国特色。② 习近平总书记在党的二十大报告中指出："中国式现代化，是中国共产党领导的社会主义现

① 习近平：《二○二三年新年贺词》，中国政府网，https://www.gov.cn/xinwen/2022-12/31/content_5734452.htm，2022 年 12 月 31 日。
② 习近平：《中国式现代化是强国建设、民族复兴的康庄大道》，《求是》2023 年第 16 期。

代化，既有各国现代化的共同特征，更有基于自己国情的中国特色。"①
伴随扎实推进中国式现代化的前进步伐，中国将更加紧密地联系世界，
携手世界各国一道，共同开创更加美好的未来。中国式教育现代化是
中国式现代化的重要组成部分，更是全面建设社会主义现代化国家的基
础性、战略性支撑。作为中国式现代化重要领域的教育现代化，也必然
是彰显中国特色、符合中国国情教情的中国式教育现代化，同时也是具
有世界教育现代化的一般特征，遵循教育发展规律，积极回应乃至引领
时代要求和趋势的教育现代化。教育现代化呼应并有力推动教育强国战
略，总体实现教育现代化、建成教育强国是 2035 年我国发展的总体目
标之一，也是把我国建成综合国力和国际影响力领先的社会主义现代化
强国的内在要求。向世界展示真实立体全面的中国式教育现代化图景，
加强中国教育现代化实践探索经验和发展成效的国际传播，是践行共商
共建共享的全球治理观，积极参与全球教育治理体系改革和建设，为推
动构建可持续发展的全球教育治理体系提供中国智慧、中国方案、中国
力量的重要现实体现。坚持统筹国内国际两个大局，在国际视野中多维
度立体呈现和准确理解中国式教育现代化的科学内涵和发展成效，不仅
有助于充分发现中国式教育现代化的优势、经验和潜力，也有助于规划
未来教育现代化发展方向和进路，加快教育强国建设。

---

① 习近平：《高举中国特色社会主义伟大旗帜　为全面建设社会主义现代化国家而
团结奋斗——在中国共产党第二十次全国代表大会上的报告》，《求是》2022 年第
21 期。

　　中国教育在短短的几十年中取得的伟大成就，在全球教育史上可谓是独一无二的。教育强国的建设进展需要在中国式现代化发展的宏伟蓝图中进行审视，对照中共中央、国务院印发的《中国教育现代化 2035》所确定的主框架和目标，以及所描绘的"作战图"与制定的"进程表"进行过程性监测和发展成效研判。同时，更需要在国际比较的视野中，分析中国式教育现代化在世界中所处的位置，以凝练和彰显中国式教育现代化的优势和特色，并发现存在的短板和弱项，进而实施针对性的举措，有效推进中国式教育现代化发展，加快建成有国际影响力的教育强国。与此同时，彰显大国发展教育的有效经验，在国际舞台上讲好中国式教育现代化改革发展的故事。

　　从理论意义上而言，在国际比较的视野下对中国式教育现代化的改革发展成就进行审视，首先需要建立具有中国特色且具有国际实质等效可比的指标体系，并确定各指标所对应的目标值。《中国教育现代化 2035》对 2035 年我国教育现代化发展目标进行了展望性描述，并对毛入学率和劳动力受教育年限等部分国际通用教育发展监测指标值进行了设定，但相关指标对我国教育体系重要领域和关键环节的系统性把握还不够充分。《中国落实 2030 年可持续发展议程国别方案》和联合国教科文组织"教育 2030 行动框架"所确立的指标体系为判断我国教育现代化改革发展成就在世界中的方位提供了基本依据。然而，这些国际指标体系还需要进一步的本土化修订完善，一是可持续发展目标（SDGs）指标部分缺乏官方提供的权威数据，二是不能完全准确地契合我国国情和教情。由此，研制形成彰显中国式教育现代化特色，且具有国际实质等效可比的指标体系和对应的目标值，以国际比较的视角判断我国教育现代化改革发展所取得的成就，并为监测和判断我国建设教育强国进程提供依据，是本书的重要理论意义。从实践价值来看，本书首先能够为在国际比较视野中，发现中国式教育现代化改革发展取得的成效、特色和优势，同时检视中国教育现代化存在的短板，尤其是与高收入水平、中高收入水平国家等标杆相比存在的弱项。进而为凝练中国式教育现代化发展经验和特色，向全球教育治理贡献中国智慧和方案；并为针对性的解决中国式教育现代化发展存在的短板和弱项提供决策参考，为加快教育强国建设提供抓手。其次，从发展趋势预测的角度，对中国教育能否按期实现2030年可持续发展教育目标（SDG4），以及《中国教育现代化2035》所设定的目标进行判断，对不能够预期实现的目标进行预警，为我国有效落实和按期实现联合国《2030年可持续发展议程》提供对策建议。

习近平总书记在第29个教师节慰问信中首次提出"发展具有中国特色、世界水平的现代教育"的重要理念。2014年教师节，习近平总书记在北京师范大学考察时再次强调"发展具有中国特色、世界水平的现代教育"。2018年9月习近平总书记在全国教育大会上指出，要坚持扎根中国大地办教育。扎根中国、融通中外，发展具有中国特色、世界水平的现代教育，从战略高度回答了我们应办什么样的教育，以及如何办教育的这一教育根本性和战略性问题，指明了中国教育现代化的正确发展路径。本书拟解决的核心问题是，通过构建具有中国特色且具有国际实质等效可比的指标体系，在国际比较的视野下，对目前我国教育现代化发展现状在世界范围中的方位进行多维度分析和整体把握，揭示中国式教育现代化的优势、特色，以及存在的短板和弱项，并根据发展趋势，对照 2030 年可持续发展教育目标判断预期 2030 年目标实现程度，进而为推进全球教育治理贡献中国智慧和方案，并为加快建成教育强国，推进中国式教育现代化发展提供针对且有效的对策建议。构建彰显中国特色且具有国际实质等效可比的指标体系和确定目标值是本研究的难点，这项工作是开展后续工作的基础，指标体系构建是决定本研究成效的关键。为此，本书以联合国教科文组织 2022 年 7 月更新的可持续发展教育目标指标体系为基础，通过专家咨询、国际比较、实证数据模拟等方法，构建科学合理且实际可操作的指标体系。在确定指标目标值方面，主要遵循两项原则，一是以可持续发展教育目标具体确定的目标值为优先，二是参考高收入、中高收入水平国家，或经合组织成员国现状均值及规划目标值。依此基础，通过构建教育现代化国际比较指数等方法，直观显示中国式教育现代化改革发展成就所处的方位。

由此，本书的总体思路是，从加快推进中国式教育现代化助推教育强国建设，进而支撑中国式现代化，以及积极参与全球治理体系建设，为完善全球教育治理贡献中国智慧、中国方案的战略意义出发，以《中国教育现代化 2035》目标、联合国教科文组织"教育 2030 行动框架"指标体系为基础，结合中国国情和教情，以直接选取、改进、扩展或替代等 4 种主要方式对国际指标进行筛选或改进，形成彰显中国国情教情，同时具有国际实质等效可比的指标体系，结合对权威国际组织和发达国家的教育统计数据，通过基于指标和事实的多维度分析评估，以及构建教育现代化国际比较指数，研判中国式教育现代化在全球中的国际位次，分析中国教育现代化特色和优势，以及存在的不足。在以上工作的基础上，对照联合国教科文组织"教育 2030 行动框架"目标和高收入国家等发达国家或国际组织的教育发展现状水平，对我国教育发展趋势进行分析，并结合国际成功经验和最佳实践，为推进中国式教育现代化发展提供参考建议，为完善全球教育治理贡献中国智慧和中国方案。

遵循以上研究思路，本书主要从以下 4 个角度对中国式教育现代化的发展成就进行多维度分析：第一，在国际比较的视野下，利用联合国教科文组织、世界银行、经合组织和欧盟的相关数据，从教育现代化指数拟合的维度，对中国式教育现代化改革发展成就所处的国际位次进行直观和整体性的"大写意"呈现。此为本书第四章所主要呈现的内容。第二，在标杆对照视角下，从历史发展和现状呈现的视角，在选定的指标体系框架下，在国家层面把我国教育现代化改革发展成就与高收入水平国家、中高收入水平国家、经合组织和欧盟成员国平均水平等"最佳实践者"标杆进行对比分析。此为本书第五章所阐述的主要内容。第三，我国幅员辽阔，人口众多，由于地理位置、资源禀赋、历史基础、政策取向等多方面原因，区域之间发展不协调，教育现代化水平呈现出多元形态。由此，在国家层面把中国式教育现代化发展成就与全球"最佳实践者"标杆进行对比分析的基础上，很有必要在国家重大战略区域层面（包括：京津冀、长三角、长江经济带、黄河流域等国家重大战略区域）与全球"最佳实践者"进行对标分析。此为本书第六章所重点阐述的内容。第四，我国高度重视联合国《2030 年可持续发展议程》的落实，并作出了庄严承诺。由此，有必要在"教育 2030 行动框架"下，对我国教育发展目标的承诺落实与兑现情况进行分析。此为本书第七章所重点呈现的内容。在以上基础上，围绕贯彻落实习近平总书记关于教育的重要论述，全面贯彻党和国家的教育方针、政策，积极应对人口发展新趋势、社会主要矛盾的变化，以高质量发展为主线，加快建设教育强国、办好人民满意的教育，探讨了在新的起点上加快推进中国式教育现代化的对策建议。

第一章

中国式教育现代化的时代意蕴

现代化（modernization）是一个描述人类社会从传统向现代转型的总体性概念，是人类历史上最剧烈、最深远的一场全方位的革命性社会变革，是一个标识人类文明演进和发展趋势的核心概念。现代化是人类社会内蕴的普遍趋势和变革过程，是一个世界性的现象，发展变革、制度创新、价值引领、人与自然物质交换的自觉性，以及全球的开放性是全球现代化的共同特征。①然而，由于不同国家的经济基础、自然条件、文化传统等存在差异，通往现代化的道路各不相同。现代化在世界各国、各地区显示出巨大的差异性。西方现代化的主要驱动力是资本。中国式现代化则开创了一条非资本主义的现代化道路，创造了社会主义文明形态的中国版本。②中国式教育现代化是中国式现代化的理论映射，是中国式现代化的具体延伸和内在阐发，更是实现中国式现代化的基础性、战略性支撑。习近平总书记在2018年全国教育大会上提出的"九个坚持"是对中国式教育现代化核心要义的科学总结。

---

① 刘守英：《解读中国式现代化》，中国社会科学网，http://cssn.cn/skgz/bwyc/202304/t20230428_5625710.shtml，2023 年 4 月 28 日。

② 赵义良：《中国式现代化与中国道路的现代性特征》，《中国社会科学》2023 年第 3 期。

第一节　现代化的理论内涵

一般意义上而言，现代化是指工业革命以来经济、政治、文化、社会和思想等领域发生的全方位、系统性剧变。通常认为，18世纪的英国工业革命和法国政治革命是现代化进程的起点。换言之，"现代化"肇始于西欧，后扩展至全球，这是学界对于世界现代化发展进路的普遍共识。《不列颠百科全书》认为，现代化是"从一个传统的乡村的农业社会转化为一个城市工业社会"，"从一开始，现代性便具有两副面孔。一副是能动的、有远见的、进步的，预示着空前的丰富、自由与满足。另一副同样清晰可见的面孔是冷酷无情，暴露出疏远、贫困、犯罪和污染等许多新问题"。[①] 吉尔伯特·罗兹曼（Gilbert Rozman）把现代化看作是一个在科学和技术革命的影响下，社会已经或正在发生着的变化过程，是人类历史上社会变革的一个极其戏剧性的、深远的、必然发生的事例。[②]《中国大百科全书》对现代化的解释为，现代化是从传统农业社会向现代工业社会转型的社会发展过程，发轫于英国工业革命，随后在欧美部分国家蔓延，并在20世纪中期使这些国家达到高度发达状态，到20世纪60年代已经成为广大发展中国家的自觉和核心的发展目标。现代化还表征为一种发展状态，即发达国家已经达到的世界先进

---

① 《不列颠百科全书》（第11册），中国大百科全书出版社1999年版，第281页。

② ［美］吉尔伯特·罗兹曼：《中国的现代化》，陶骅等译，上海人民出版社1989年版，第3—4页。

水平所处的状态，以及发展中国家赶上发达国家后所处的状态。^①目前中国以外的国家，全球范围内现代化国家和地区的发展历程主要可归为四类：一是以英国、法国为代表的原发型资本主义现代化模式，二是以美国、日本为代表的跟进型资本主义现代化模式，三是以拉丁美洲国家为代表的依附型现代化模式，四是以苏联为代表的社会主义现代化模式。"英法模式"是在社会基本矛盾激化的基础上，推动社会变迁，探索现代化道路；"美日模式"是在"英法模式"的基础上学习跟进，实现了跨越式发展的现代化；"拉美模式"照搬西方做法和经验，但最终陷入了经济停滞、社会动荡。"苏联模式"以国家主导，以快速实现国家工业化，强调国家的绝对支配权，最终因国家解体走向终结。^②以上可见，西方国家长期处于现代化主导地位，但在现实推进过程中，世界上既不存在定于一尊的现代化模式，也不存在放之四海而皆准的现代化标准。

现代化是人类文明发展与进步的显著标志，是世界历史演进的必然过程。^③于中国而言，中国现代化探索肇始于19世纪40年代，源起于救亡图存的现实需要，^④"modernization"一词最早在19世纪八九十年代

---

① 何传启：《什么是现代化？》，中国科学院，https://www.cas.cn/zt/jzt/kyzt/zgdxdhyj/200208/t20020821_2664730.shtml，2002年8月21日。

② 金世斌、肖瑶：《中国式现代化的基本特征与实现路径》，中国发展观察，https://cdo.develpress.com/?p=13451，2022年10月25日。

③ 孙贺：《现代化之路的中国超越》，《光明日报》2020年6月29日。

④ 吴海江、江昊：《从"中国模式"到"中国式现代化"》，《思想理论教育》2023年第3期。

便出现在中国的报刊上，但当时并没有被译作"现代化"，而是被视为与"西化""欧化"相互通用的概念。① 在由近代社会以来的百余年间，中国学者在探索中国本土现代化进程中，不断地感受、领悟、创新"现代化"的语境、内涵和理论。学术界对"现代化"的理解则相对复杂。罗荣渠总结和归纳了学界关于现代化的四种不同含义：一是，现代化是指在近代资本主义兴起以后的特定国际关系格局下，经济上落后国家通过大搞技术革命，在经济和技术上赶上世界先进水平的历史过程。这一观点与马克思对现代化内涵的理解具有一定的相似性，即认为现代化的内涵包含着一种过程，是现代化后发型国家从不发达到发达的过程；现代化的内涵还包含着一种超越性，体现着现代化后发型国家"追赶"现代化先发型国家的内涵意蕴。二是，现代化实质上就是工业化，是经济落后国家实现工业化的进程。这一观点认为现代化是社会变迁的一个过程。不同的是，这里的"工业化"被赋予了代表社会变迁动力、特征和进程的新内涵。相较于工业革命中的工业化，作为阐释现代化内涵的"工业化"概念被极大丰富，更多的是一种时代精神、社会文明、文明新形态的象征。三是，现代化是自科学革命以来人类急剧变动的过程的统称。四是，现代化主要是一种心理态度、价值观和生活方式的改变过程，换言之，现代化可以看作是代表我们这个历史时代的一种"文明的

---

① 傅慧芳、白茂峰：《中国式现代化研究述评与前瞻》，《北京行政学院学报》2023年第 2 期。

形式"。① 罗荣渠教授上述对"现代化"的四个方面的总结，基本上代表了大多数学者对现代化内涵的理解和认识。如何理解"文明的形式"，布莱克（Cyril E. Black）把其具体阐释为，人类对自己的自然环境和社会环境的合理性的控制的扩大。② 在布莱克看来，现代化可以被定义为，"反映着人控制环境的知识亘古未有的增长，伴随着科学革命的发生，从历史上发展而来的各种体制适应迅速变化的各种功能的过程"。③ 阿历克斯·英格尔斯（Alex Inkeles）在《迈向现代化：六个发展中国家的个人变化》中提出了对现代人特征的分析研究，强调发展的最终要求是人在素质方面的改变，认为片面强调工业化和经济现代化是不够的，如果人没有从心理、思想和行为方式上实现现代人的转变，使之具备人的现代人格、现代品质，是不可能从一个落后国家跨入自身拥有持续发展能力的现代化国家的行列。④

表 1-1　英格尔斯现代化指标体系

序号	指标内容	具体参数
1	人均国民生产总值（GNP）	3000 美元以上
2	农业产值占国民生产总值的比重	12%—15% 以下
3	服务业产值占国民生产总值的比重	45% 以上
4	非农劳动力占总劳动力的比重	70% 以上

① 罗荣渠：《现代化新论》，商务印书馆 2004 年版，第 9—15 页。

② ［美］西里尔·E. 布莱克：《比较现代化》，杨豫、陈祖洲译，上海译文出版社 1996 年版，第 43 页。

③ ［美］西里尔·E. 布莱克：《现代化的动力》，段小光译，四川人民出版社 1988 年版，第 11 页。

④ 罗荣渠：《现代化新论》，商务印书馆 2004 年版，第 16 页。

序号	指标内容	具体参数
5	识字人口的比重	80% 以上
6	适龄年龄组中大学生的比重	10%—15% 以上
7	每名医生服务的人数	1000 人以下
8	平均预期寿命	70 岁以上
9	城市人口占总人口的比重	50% 以上
10	人口自然增长率	1% 以下

资料来源：罗荣渠：《现代化新论》，商务印书馆 2004 年版，第 16 页。

综合来看，学界对"现代化"这个概念往往是用来概括人类社会发展进程中急剧转变的词语。对于"现代化"内涵的认识可谓见仁见智，存乎其人。通过总结学者已有研究，现代化的核心内涵应有以下特征：第一，现代化是一个时间概念，指社会历史从"工业革命"到"现代社会"的历史进程；第二，现代化是一个过程概念，它揭示的是工业化以来社会变革历程，是一个"传统性渐减、现代性渐增"的过程，是人类社会正在经历的一次巨大、全面和深刻的社会变革的过程，[1]体现在全球的经济、政治、社会、思想、文化、心理等各方面巨大变迁的全过程；第三，现代化是一种模式，表明人类对发展更高层次文明的不懈追求，是合规律性与合目的性的统一；第四，现代化是以人类实践为能动性的现代化，是以人的现代化为核心表征的社会化实践，包括从心理、思想、行为方式实现由传统人向现代人转变，表现为具备现代人格、现

---

[1] 马敏：《现代化的"中国道路"——中国现代化历史进程的若干思考》，《中国社会科学》2016 年第 9 期。

代品质等方面。

第二节　中国式现代化的科学意蕴

一个国家走向现代化，既要遵循现代化一般规律，更要符合本国实际，具有本国特色。中国式现代化既有各国现代化的共同特征，更有基于自己国情的鲜明特色。① 党的二十大深刻阐释了中国式现代化的中国特色、本质要求和必须牢牢把握的重大原则，深刻揭示了中国式现代化的科学内涵。这既是理论概括，也是实践要求，为全面建成社会主义现代化强国、实现中华民族伟大复兴指明了一条康庄大道。② 中国式现代化是我们党领导全国各族人民在长期探索和实践中历经千辛万苦、付出巨大代价取得的重大成果。③ 习近平总书记在党的二十大报告中指出，"在新中国成立特别是改革开放以来长期探索和实践基础上，经过十八大以来在理论和实践上的创新突破，我们党成功推进和拓展了中国式现代化"。④

邓小平在 20 世纪 70、80 年代首先提出"中国式的现代化"的概

① 习近平：《正确理解和大力推进中国式现代化》，求是网，http://www.qstheory.cn/yaowen/2023-02/07/c_1129345789.htm，2023 年 2 月 7 日。
② 习近平：《中国式现代化是强国建设、民族复兴的康庄人道》，《求是》2023 年第 16 期。
③ 习近平：《正确理解和大力推进中国式现代化》，求是网，http://www.qstheory.cn/yaowen/2023-02/07/c_1129345789.htm，2023 年 2 月 7 日。
④ 习近平：《高举中国特色社会主义伟大旗帜　为全面建设社会主义现代化国家而团结奋斗——在中国共产党第二十次全国代表大会上的报告》，《求是》2022 年第 21 期。

念，其初衷是反对急躁冒进，确立适合中国国情的发展目标，反对照搬西方做法、简单地走西方现代化的老路，而是要走中国自己的现代化发展道路。① 中国式现代化与邓小平提出的"中国式的现代化"概念有着颇深的历史渊源，学术界的诸多研究或直接或间接地赞同这一观点。②1979 年 3 月，邓小平在会见英中文化协会会长麦克唐纳时指出："我们定的目标是在本世纪末实现四个现代化。我们的概念与西方不同，我姑且用个新说法，叫做'中国式的四个现代化'"。③ 同年 3 月 23 日，邓小平在政治局会议上把"中国式的四个现代化"概括为"中国式的现代化"。④ 从术语起源的视角来看，"中国式的现代化"提出的第一重内涵就是实现现代化，主要体现在四个现代化。后来，在 1979 年 3 月 30 日邓小平在工作会议上提出："过去搞民主革命，要适合中国情况，走毛泽东同志开辟的农村包围城市的道路。现在搞建设，也要适合中国情况，走出一条中国式的现代化道路。"⑤ 这是改革开放后，邓小平第一次将中国和现代化概念联结起来，⑥ 中国式的现代化成为中国

---

① 林毅夫、付才辉：《中国式现代化：蓝图、内涵与首要任务——新结构经济学视角的阐释》，《经济评论》2022 年第 6 期。

② 齐卫平：《党的二十大论述中国式现代化的理论架构》，《中南民族大学学报》（人文社会科学版）2023 年第 2 期。

③ 中共中央党史和文献研究院：《全面建成小康社会大事记》，《光明日报》2021 年 7 月 28 日。

④ 《邓小平思想年谱（1975—1997）》，中央文献出版社 1998 年版，第 111 页。

⑤ 《邓小平文选》第 2 卷，人民出版社 1994 年版，第 163 页。

⑥ 王立胜：《中国式现代化理论的世界性维度与人类文明意义》，《人民论坛》2023 年第 6 期。

特色社会主义理论体系的重要概念之一。从邓小平的表述可发现"中国式的现代化"的第二重意蕴，就是走符合中国国情的现代化发展道路。1979年12月6日，邓小平在会见日本首相大平正芳时说，"我们要实现的四个现代化，是中国式的四个现代化。我们的四个现代化的概念，不是像你们那样的现代化概念，而是'小康之家'"。① 这是邓小平首次提出"小康之家"这样一个"中国式的四个现代化"的全新概念。② 由此可见，"中国式的现代化"的第三重内涵还包括"小康之家"。1980年1月16日，邓小平在中共中央召开的干部大会上讲，"我们的四个现代化是中国式的"，我们的现代化"没有剥削阶级，没有剥削制度，国民总收入完全用之于整个社会，相当大一部分直接分配给人民"。③ 由此可见，"中国式的现代化"的第四重内涵就是追求"共同富裕"。综合上述分析，我们发现，邓小平当时对"中国式的现代化"的表述，已经具备当下中国式现代化的内涵意蕴，体现在发展和实现现代化、走符合中国国情的现代化发展道路、实现小康之家、追求共同富裕等方面，这些内涵特征也是当下中国式现代化的主要内涵特征。

党的十八大以来，"中国式现代化"大大拓展了"中国式的现代

① 《邓小平文选》第2卷，人民出版社1994年版，第237页。
② 张爱茹：《从"小康"到"全面小康"——邓小平小康社会理论形成和发展述论》，人民网，http://cpc.people.com.cn/n/2014/0714/c69113-25279758.html，2014年7月14日。
③ 《邓小平文选》第2卷，人民出版社1994年版，第259页。

化"的内涵，^①并逐渐实现对中国式现代化的理论突破和实践创新。历经十八大以来的不断摸索和实践，2020年10月，习近平总书记在党的十九届五中全会上深刻阐明了中国式现代化的五个方面特征："我国现代化是人口规模巨大的现代化，是全体人民共同富裕的现代化，是物质文明和精神文明相协调的现代化，是人与自然和谐共生的现代化，是走和平发展道路的现代化"。^②

2022年10月，习近平总书记在党的二十大报告中明确概括了中国式现代化五个方面的中国特色。^③其中，人口规模巨大的现代化是中国式现代化的显著特征；全体人民共同富裕的现代化是中国式现代化的本质特征，也是区别于西方现代化的显著标志；既要物质富足、也要精神富有，是中国式现代化的崇高追求；尊重自然、顺应自然、保护自然，促进人与自然和谐共生，是中国式现代化的鲜明特点；坚持和平发展，在坚定维护世界和平与发展中谋求自身发展，又以自身发展更好维护世界和平与发展，推动构建人类命运共同体，是中国式现代化的突出特征。^④此后，我国学者以二十大报告中的"五维特征"为框架对中国式

① 李永杰、陈世宇：《"中国式现代化"概念的渊源考释与话语创新》，《福建师范大学学报》（哲学社会科学版）2023年第1期。

② 习近平：《新发展阶段贯彻新发展理念必然要求构建新发展格局》，《求是》2022年第17期。

③ 习近平：《高举中国特色社会主义伟大旗帜　为全面建设社会主义现代化国家而团结奋斗——在中国共产党第二十次全国代表大会上的报告》，《求是》2022年第21期。

④ 习近平：《中国式现代化是强国建设、民族复兴的康庄大道》，《求是》2023年第16期。

现代化的科学内涵特征进行解读阐释。①

第三节　中国式教育现代化的时代意涵

现代化的国家是同现代化的人才、现代化的教育事业分不开的，现代化只有在现代化的主体推动下才能得以实施。②习近平总书记明确指出："现代化的本质是人的现代化。"③中国要实现现代化，必须通过推进教育事业的现代化发展，以培养和造就现代化的人才。中国式教育现代化作为中国式现代化的重要组成，既是中国式现代化的本质要求和应有之义，又是中国式现代化的基础性和战略性支撑，以中国式教育现代化助推中华民族伟大复兴。对中国式教育现代化核心内涵与关键特征的分析是建构教育现代化国际坐标体系重要前提。因此，首先需要对中国式教育现代化的核心内涵与关键特征进行分析和把握。我国对教育现代化的研究始于 20 世纪 80 年代中期，但真正全面、系统和深入的研究教育现代化是 20 世纪 90 年代以来的事情。1993 年我国颁布的《中国教育改革和发展纲要》中指出："经过几十年的努力，建立起比较成熟和完善的社会主义教育体系，实现教育现代化。"此后，我国关于教育现代化的研究成为教育领域的一个热点议题。中国式教育现代化是教育现代化的中国经验总结，是中国式现代化的重要组成部分。中国式教育现

① 袁银传、蒋彭阳：《中国式现代化的核心要义、基本特征和历史意义》，《中南民族大学学报》（人文社会科学版）2023 年第 4 期。

② 李秀林：《中国现代化之哲学探讨》（修订本），商务印书馆 2022 年版，第 46 页。

③ 盛玉雷：《现代化的本质是人的现代化》，《人民日报》2022 年 10 月 16 日。

代化源自邓小平提出的教育"三个面向"。①党的二十大报告深刻揭示了中国式现代化的科学内涵。②由此，大多数学者依据党的二十大报告对中国式现代化的特征描述，来进一步延伸和阐释中国式教育现代化的内涵意蕴。中国式教育现代化是中国式现代化的重要组成部分，探讨中国式教育现代化的内涵特征离不开中国式现代化的主题范畴。

从时间进程来看，在中国式现代化这一理论命题明确提出之前，教育领域并未有中国式教育现代化的话语表达和理论构建。由此而言，中国式教育现代化的基本内涵必然是在中国式现代化基本内涵中获得规定。③遵循中国式现代化的理论逻辑，结合中国教育现代化丰富实践所取得的伟大成就，教育学界对中国式教育现代化的核心内涵与关键特征已开展诸多理论探索。

从内涵阐释来看，有学者认为，从本质上讲，中国式教育现代化是中国共产党领导、造福于全体人民的中国特色社会主义教育现代化。④还有学者提出，中国式教育现代化的独特内涵包括：一是以马克思主义

---

① 1983年10月1日，邓小平为北京景山学校题词："教育要面向现代化，面向世界，面向未来"。"三个面向"是邓小平运用马克思主义教育原理，分析国内外教育发展形势，作出符合教育基本规律的科学概括。它不仅为我国教育改革和发展指明了方向，提出了正确的战略方针，而且还为我国教育发展规定了明确的任务。

② 杨明伟：《深入理解中国式现代化创新理论》，《红旗文稿》2023年第4期。

③ 孙杰远：《中国式教育现代化的基本问题》，《中国远程教育》2023年第6期。

④ 高书国：《以中国式教育现代化助推中华民族伟大复兴——深入学习领会〈中共中央关于党的百年奋斗重大成就和历史经验的决议〉》，《人民教育》2021年第23期。

为指导，以科学的思想和方法论引领教育高质量发展；二是坚持中国共产党领导，培养有理想有担当的社会主义接班人；三是坚持人民至上，办人民满意的教育。[①]另有学者从中国式教育现代化的功用、归宿和表征等角度提出，中国式教育现代化是全面支撑中国式现代化、以现代性的培养与人的现代化为原点和归宿，并以科学技术为重要依托，是精神和物质层面的双重现代化表征。[②]此外，有学者从过程论的视角提出，中国式教育现代化是以中国特色社会主义理论为指导，以中华优秀传统文化为基础，以当今世界先进技术为手段，以中国特色教育制度为保障，以中国教育达到世界先进水平为目的的发展过程。[③]从把握本质内涵的角度，有学者提出，中国式教育现代化是必须坚持中国共产党领导的教育现代化，是坚持中国特色社会主义办学方向的教育现代化，是实现教育高质量发展的现代化，是推动人民民主教育制度改革的现代化，是极大丰富人民精神世界的现代化，是推动人民共同富裕的现代化，是促成人与自然和谐共生的现代化。[④]

从主要特征来看，有学者认为，中国式教育现代化的本质特征是，

---

①　陈建华：《论中国式教育现代化的意蕴及其实践逻辑》，《南京社会科学》2023 第4 期。

②　石连海、李护君：《中国式教育现代化的价值意蕴、现实阻隔及路径优化》，《教育学报》2023 年第 2 期。

③　胡中锋、王友涵：《中国式教育现代化的内涵与特征》，《苏州大学学报》（教育科学版）2023 年第 1 期。

④　欧阳修俊、梁宇健：《中国式教育现代化：内涵、价值与战略进路》，《北京航空航天大学学报》（社会科学版）2023 年第 1 期。

由中国共产党全面领导、坚持社会主义办学方向的教育现代化，是既吸收借鉴世界经验又具有中国本土特色的教育现代化，是保障全体人民接受教育的权利、促进全体人民共同富裕的教育现代化，是公平优质、追求卓越的教育现代化，是开放自信、合作共赢的教育现代化。[①] 另有学者认为，以党的全面领导为根本保障、以立德树人为根本任务、以服务人民为根本目标、以优先发展为根本方法、以改革创新为根本动力、以扎根中国大地为根本路径、以共建共享为根本方式、以高质量教师队伍为根本依靠是中国式教育现代化的本质特征。[②] 还有学者认为，中国式教育现代化的基本特征是以社会主义为根本方向，以人民满意为基本要求，以规模巨大为典型特征，以共同富裕为目标追求，以精神文明为价值指引，以人与自然和谐为生态诉求，以中国文化为历史根基，以教育创新为动力源泉，以和平发展为责任担当等。[③] 此外，有学者提出中国式教育现代化的主要特征是，中国共产党领导下的国家战略目标、政府主导的跨越式发展、人民满意的高质量教育发展、教育信息化主导的世界先进水平、融合现代性的中华优秀传统文化。[④] 还有学者从基本特点审视，认为中国式教育现代化是典型的外源型、赶超型、政府主导型

① 刘宝存、苟鸣瀚：《中国式教育现代化：本质、挑战与路径》，《中国远程教育》2023 年第 1 期。

② 张志勇、袁语聪：《中国式教育现代化道路刍议》，《教育研究》2022 年第 10 期。

③ 靳玉乐、王潇晨：《中国式教育现代化的基本特征》，《中国教育科学》（中英文）2023 年第 2 期。

④ 胡中锋、王友涵：《中国式教育现代化的内涵与特征》，《苏州大学学报》（教育科学版）2023 年第 1 期。

现代化。①

此外，学界还对中国式教育现代化的价值取向和实践样态进行了剖析，如有学者认为，坚持优先发展教育，坚守以人民为中心，瞄准德智体美劳全面发展的社会主义育人目标等是中国式教育现代化的核心价值指向。②从实践样态来看，有学者总结提出，中国创造性地形成了具有中国特色教育现代化的"双优先模式"，即"国家优先发展教育，教育优先满足国家发展需要"的模式。③

由以上来看，学界对中国式教育现代化的核心内涵与关键特征的阐释有各种各样的表达，可谓见仁见智。实际上，以上诸多看起来不同的阐释都在以不同的方式揭示着"中国式教育现代化"含义的不同构面。同时，在关于"中国式教育现代化"的内涵表达上，学界基本达成如下一致性观点，即：中国式教育现代化是中国式现代化的重要组成部分；在中国式现代化的进程中，中国式教育现代化具有基础性、战略性支撑作用；作为中国式现代化在教育领域的具体表达，中国式教育现代化既有各国教育现代化的共同特征，更有基于中国国情的中国特色。从以上话语体系来看，中国式教育现代化具有目的与手段的辩证统一、过程与

---

① 贾永堂、李娜：《中国式教育现代化的历史成就与主要经验》，《高等教育研究》2022年第12期。

② 黄书光、王保星等：《"中国式教育现代化的理论与实践探索"笔谈》，《基础教育》2022年第6期。

③ 袁振国：《双优先：教育现代化的中国模式——为改革开放四十周年而作》，《华东师范大学学报》（教育科学版）2018年第4期。

结果的辩证统一，并体现着一种价值追求和目标导向。

另外，从我国教育改革和发展规划的话语体系来看，我国的教育现代化也呈现出过程与结果的辩证统一，且由于规划的结果导向属性，必然在规划文本中体现出教育现代化的目标导向偏好。如，1993 年中共中央、国务院印发的《中国教育改革和发展纲要》提出："再经过几十年的努力，建立起比较成熟和完善的社会主义教育体系，实现教育的现代化。"2010 年，中共中央、国务院印发的《国家中长期教育改革和发展规划纲要（2010—2020 年）》提出"到 2020 年，基本实现教育现代化，基本形成学习型社会，进入人力资源强国行列"的战略目标。2017 年，国务院印发的《国家教育事业发展"十三五"规划》提出："教育现代化取得重要进展，教育总体实力和国际影响力显著增强，推动我国迈入人力资源强国和人才强国行列"。2019 年，中共中央、国务院印发的《中国教育现代化 2035》提出"到 2035 年，总体实现教育现代化，迈入教育强国行列"的教育现代化总体目标。以上充分体现了我国教育现代化发展目标的历史延续性、长期性，又符合实践发展的阶段性和时代性。

中国式教育现代化是一个历史的、综合的过程。从整体上把握中国式教育现代化动态进程和成效，既需要从纵向的时间方面追踪其历程，更需要从横向的空间比较维度总揽全局。从辩证法关于一般和个别的道理来看，"中国式教育现代化"这个命题本身就是共性和个性、普遍性和特殊性的统一。如果把教育现代化看作是一般、共性和普遍性，那么，"中国式"就意味着个别、个性和特殊性。所以，中国式教育现代化内在地包含着现代化、中国式现代化之一般、特殊和个别的一致性。实际上，中国式教育现代化的"中国式"之关键，在于中国式教育现代化不仅引领着中国教育强国建设，而且要在世界教育现代化探索进程中发出中国声音、提供中国方案、贡献中国智慧。① 尽管学界关于中国式教育现代化的核心内涵与关键特征的理论阐释没有为构建中国式教育现代化国际方位指标体系提供直接的参照，但为构建研判中国式教育现代化国际方位的维度与构面提供了重要启发。而我国关于教育现代化改革发展的规划目标则为设计研判中国式教育现代化国际方位的指标体系提供了直接的参考指标或要点。同时，更为重要的是，学者们关于"中国式教育现代化既有各国教育现代化的共同特征，更有基于中国国情的中国特色"的共识，以及我国教育现代化发展规划纲要中"迈入强国行列"的用语，均为后文构建研判中国式教育现代化国际方位的"坐标体系"提供了认识论和方法论基础，概言之，即是遵循国际比较和全球视野的逻辑进路，构建具有中国特色且国际实质等效可比的坐标体系，以准确研判中国式教育现代化的国际方位。

在此需要说明的是，现代化"本质上是指人作为主体认识、掌握、占有客体世界的一种发展程度，是指在现时代人认识、掌握、占有客体

---

① 陈建华：《论中国式教育现代化的意蕴及其实践逻辑》，《南京社会科学》2023 年第 4 期。

世界的最高发展水平"。① 从发展程度或水平的角度理解现代化是一种正确且深刻的把握，判断是否实现现代化，就看在现时代的历史条件下，是否达到现时代的最高发展水准。② 在 2018 年召开的全国教育大会上，习近平总书记发表重要讲话，站在新时代坚持和发展中国特色社会主义的战略高度，深刻回顾了党的十八大以来我国教育事业发展取得的显著成就，系统总结了推进我国教育改革发展的"九个坚持"，即坚持党对教育事业的全面领导，坚持把立德树人作为根本任务，坚持优先发展教育事业，坚持社会主义办学方向，坚持扎根中国大地办教育，坚持以人民为中心发展教育，坚持深化教育改革创新，坚持把服务中华民族伟大复兴作为教育的重要使命，坚持把教师队伍建设作为基础工作。③ "九个坚持"是我们党在实践基础上的理论创新成果，是习近平新时代中国特色社会主义思想的重要组成部分，深刻回答了新时代如何坚持走中国特色社会主义教育发展道路的根本问题，把我们党对教育工作的规律性认识提高到新高度，对当前和今后一个时期教育工作作出了重大部署，为新时代我国教育事业改革创新指明了前进方向，为加快推进中国式教育现代化、建设教育强国、办好人民满意的教育提供了根

---

① 李秀林：《中国现代化之哲学探讨》(修订本)，商务印书馆 2022 年版，第 365 页。
② 刘志洪：《现代化：中华民族的现代转化》，《中国社会科学报》2023 年 5 月 24 日。
③ 习近平：《坚持中国特色社会主义教育发展道路　培养德智体美劳全面发展的社会主义建设者和接班人》，中国政府网，https://www.gov.cn/xinwen/2018-09/10/content_5320835.htm，2018 年 9 月 10 日。

本遵循。从哲学高度来看，"九个坚持"教育重要论述首先明晰了"中国式"教育现代化的本质规定性，即坚持党对教育事业的全面领导，坚持社会主义办学方向；其次，指明了中国式教育现代化的唯物论表现在坚持扎根中国大地办教育，把服务中华民族伟大复兴作为教育的时代使命；中国式教育现代化的辩证法和主要方法论表现在坚持优先发展教育事业，坚持把立德树人作为根本任务，以及"坚持发展为了人民、发展依靠人民、发展成果由人民共享"的以人民为中心发展教育的价值论和依靠教师的群众路线。[1]

　　本书认为，作为中国式现代化的重要领域和组成部分，坚持中国共产党全面领导、坚持中国特色社会主义、扎根中国大地的教育现代化天然是"中国式"的，中国式教育现代化是已然存在的教育现代化实践样态，并取得了历史性成就、发生历史性变革。换言之，本书在国际视野中审视中国式教育现代化的发展成就，更多的是从与其他国家，尤其是与发达国家的横向比较中，研判中国式教育现代化是否达到现时代的世界最高发展水准，在全球视野中把握中国式教育现代化所取得的优势成就、存在的短板弱项，进而从未来深化中国式教育现代化改革、加快建成教育强国的角度提出相应对策建议。

---

[1]　潘信林、刘德中：《从哲学高度看教育"九个坚持"》，《光明日报》2020年10月6日。

第二章

研判中国式教育现代化成就与方位的总体思路

2015 年 9 月，第 70 届联合国大会通过的《改变我们的世界——2030 年可持续发展议程》（以下简称《2030 年可持续发展议程》），提出了 17 个可持续发展目标（Sustainable Development Goals，SDGs）和 169 个具体目标（targets），其中"可持续发展目标 4"被认为是联合国《2030 年可持续发展议程》能否成功实现的关键。2015 年 11 月，联合国教科文组织（UNESCO）发布的《可持续发展目标 4——教育 2030 行动框架》（以下简称"教育 2030 行动框架"，Education 2030 Framework for Action，FFA）明确了教育 2030 的总体目标、战略方法、具体目标和监测指标，以指导各国加强对可持续发展目标 4 实现进展的监测，确保在 2030 年如期实现教育可持续发展目标。我国高度重视联合国《2030 年可持续发展议程》的落实。2015 年 9 月 26 日，国家主席习近平在联合国总部出席联合国发展峰会并发表重要讲话，强调"中国郑重承诺，以落实 2015 年后发展议程为己任，团结协作，推动全球发展事业不断向前！"① 履行我国对联合国《2030 年可持续发展议程》承

---

① 习近平:《谋共同永续发展　做合作共赢伙伴——在联合国发展峰会上的讲话》，中国政府网，http://www.gov.cn/xinwen/2015-09/27/content_2939377.htm，2015 年 9 月 27 日。

诺，需要我国对 2030 年可持续发展目标实现进展进行动态监测和评估。

党的十八大以来，以习近平同志为核心的党中央作出"建设教育强国是中华民族伟大复兴的基础工程"的重大论断和决策，党的二十大报告再次强调教育强国建设并提出新的更高要求。习近平总书记在党的二十大报告中指出，"中国式现代化，是中国共产党领导的社会主义现代化，既有各国现代化的共同特征，更有基于自己国情的中国特色"。[①] 作为中国式现代化重要领域的教育现代化，也必然是扎根中国大地，在借鉴吸收人类一切优秀文明成果中探索出来的既符合时代要求和世界教育发展潮流又彰显中国本土特色的中国式教育现代化。中国式教育现代化和教育强国是过程和结果的辩证统一。教育强国建设进程需要在中国式现代化的宏伟蓝图中进行审视，也需要在国际比较视野中分析中国式教育现代化所处的世界方位，彰显中国式教育现代化的优势和特色，并发现需要克服的短板和弱项。而科学研判中国式教育现代化世界方位的前提是要构建具有中国特色和国际实质等效可比的指标体系。

第一节　落实二十大精神和践行可持续发展承诺

党的二十大报告从"六个必须坚持"深刻阐释了习近平新时代中国特色社会主义思想的世界观和方法论，也揭示了习近平新时代中国特色

---

① 习近平：《高举中国特色社会主义伟大旗帜　为全面建设社会主义现代化国家而团结奋斗——在中国共产党第二十次全国代表大会上的报告》，《求是》2022 年第 21 期。

社会主义思想的理论品格和鲜明特质，即：必须坚持人民至上、必须坚持自信自立、必须坚持守正创新、必须坚持问题导向、必须坚持系统观念、必须坚持胸怀天下。[①] 在"必须坚持自信自立"中强调，中国的问题必须从中国基本国情出发，既不能刻舟求剑、封闭僵化，也不能照抄照搬、食洋不化。同时在"必须坚持胸怀天下"中指出，要拓展世界眼光，深刻洞察人类发展进步潮流，为解决人类面临的共同问题作出贡献，以海纳百川的宽阔胸襟借鉴吸收人类一切优秀文明成果。教育强国是中国式现代化的基础性、先导性和战略性支撑，教育强国是其他各项强国的基础和重要途径。教育强国成效必须要在中国基本国情下研判，在遵循历史逻辑从纵向发展的视角审视教育现代化进展与成效的同时，也需要拓展世界眼光，在全球视野中基于国际可比数据分析教育强国何以为强、中国式教育现代化的优势、特色和短板弱项。"六个必须坚持"的世界观和方法论为构建研判中国式教育现代化国际方位的指标体系指明了正确方向、提供了根本遵循。

为切实落实《2030年可持续发展议程》这一重要的全球性政治议程，联合国设计和推行了一系列后续措施，包括成立了SDGs指标跨机构专家委员会（Inter-Agency and Expert Group on SDG Indicators，IAEG-SDGs），并于2017年提出了包括232个指标的SDGs全球指标

---

① 习近平:《高举中国特色社会主义伟大旗帜　为全面建设社会主义现代化国家而团结奋斗——在中国共产党第二十次全国代表大会上的报告》,《求是》2022年第21期。

框架（SDGs Global Indicator Framework，SGIF），开展元数据编制、指标分级、典型试验等研究，为开展国家或区域 SDGs 监测评估及定期报告提供了全球统一的指标体系。根据联合国 2017 年 7 月 6 日大会决议（A/RES/71/313），指标框架每年进行修订完善，并由统计委员会在 2020 年 3 月的第 51 届会议和 2025 年举行的第 56 届会议上进行全面审查。SDGs 全球指标框架将由区域和国家层面的指标来补充。作为 2020 年全面审查的一部分，SDGs 指标跨机构专家委员会以替换、修订、增加和删除的形式对该框架提出了 36 项重大修改，这些修改于 2020 年 3 月得到第 51 届统计委员会的批准。目前，SDGs 全球指标框架中所列的指标总数为 248 个，其中有 13 个指标在两个或三个不同的目标下重复出现。[①] 因此，SDGs 全球指标框架包括 231 个不重复的指标。[②]

表 2-1　2030 可持续发展目标和具体目标全球指标框架
（IAEG-SDGs，2022 年修订版）

可持续发展目标			具体目标数	指标数
人类（People）	目标 1	在全世界消除一切形式的贫穷	7	13
	目标 2	消除饥饿，实现粮食安全，改善营养状况和促进可持续农业	8	14

---

① 全球指标框架中重复的指标有以下几个：（1）7.b.1/12.a.1；（2）8.4.1/12.2.1；（3）8.4.2/12.2.2；（4）10.3.1/16.b.1；（5）10.6.1/16.8.1；（6）13.2.1/13.b.1（稍作修改）；（7）15.7.1/15.c.1；（8）15.a.1/15.b.1；（9）1.5.1/11.5.1/13.1.1；（10）1.5.2/11.5.2；（11）1.5.3/11.b.1/13.1.2；（12）1.5.4/11.b.2/13.1.3；（13）4.7.1/12.8.1/13.3.1。

② United Nations, "SDG Indicators", UN, https://unstats.un.org/sdgs/indicators/indicators-list/，2017 年 7 月 6 日。

续表

可持续发展目标			具体目标数	指标数
人类 （People）	目标 3	确保各年龄段人群的健康生活方式，促进他们的福祉	13	28
	目标 4	确保包容和公平的优质教育，让全民终身享有学习机会	10	12
	目标 5	实现性别平等，增强所有妇女和女童的权能	9	14
繁荣 （Prosperity）	目标 6	为所有人提供水和环境卫生并对其进行可持续管理	8	11
	目标 7	确保人人获得负担得起的、可靠和可持续的现代能源	5	6
	目标 8	促进持久、包容和可持续经济增长，促进充分的生产性就业和人人获得体面工作	12	16
	目标 9	建造具备抵御灾害能力的基础设施，促进具有包容性的可持续工业化，推动创新	8	12
	目标 10	减少国家内部和国家之间的不平等	10	14
	目标 11	建设包容、安全、有抵御灾害能力和可持续的城市和人类住区	10	15
	目标 12	确保采用可持续的消费和生产模式	11	13
地球 （Planet）	目标 13	采取紧急行动应对气候变化及其影响	5	8
	目标 14	保护和可持续利用海洋和海洋资源以促进可持续发展	10	10
	目标 15	保护、恢复和促进可持续利用陆地生态系统，可持续管理森林，防治荒漠化，制止和扭转土地退化，遏制生物多样性的丧失	12	14
和平 （Peace）	目标 16	创建和平、包容的社会以促进可持续发展，让所有人都能诉诸司法，在各级建立有效、负责和包容的机构	12	24
伙伴关系 （Partnership）	目标 17	加强执行手段，重振可持续发展全球伙伴关系	19	24
合　计			169	248

资料来源：IAEG-SDGs. SDG Indicators［EB/OL］，https://unstats.un.org/sdgs/indicators/indicators-list/。

在联合国《2030 年可持续发展议程》中，教育是一项独立的可持续发展目标（SDG4），即："确保包容性和公平的优质教育，促进全民享有终身学习机会。""教育 2030 行动框架"包括 11 项全球指标、3 个实施办法、总共 44 个专题指标的监测评价体系，以动员所有国家和地区为实现教育可持续发展目标及其具体任务而付出努力，并协调、监测可持续发展目标 4 的进展。

我国是落实全球发展倡议、推进《2030 年可持续发展议程》的积极践行者。履行我国对《2030 年可持续发展议程》承诺，需要我国对可持续发展目标 4 的实现进展进行动态监测评估。研究构建研判中国式教育现代化国际方位的指标体系是确保我国建成教育强国目标任务如期实现的重要具体行动，也是我国有效监测"教育 2030 行动框架"进展的重要举措，体现了我国推进联合国 2030 年可持续发展议程和共同构建人类命运共同体贡献中国智慧与方案的大国担当。

第二节　坚持国际视野与本土关照

构建具有本土特色和国际实质等效可比的中国式教育现代化指标体系，关键在于坚持国际视野与本土关照的原则。可持续发展目标适用于所有 193 个联合国会员国，对发展中国家和发达国家都适用。因此，"教育 2030 行动框架"所确立的全球指标和拟议专题指标框架，以及 2022 年 3 月更新的可持续发展目标 4 的正式指标清单（44 个指标）可用于构建研判中国式教育现代化国际方位主要参考的国际指标。同时，联合国教科文组织的愿景声明，以及如《一起重新构想我们的未来：为教育打造新的社会契约》等提出的教育倡议、打造新的社会契约和各国政府作出的国际承诺等也是重要的参考。

中共中央、国务院印发的《中国教育现代化2035》是新时代推进教育现代化、建设教育强国的纲领性文件，"到2035年，总体实现教育现代化，迈入教育强国行列，推动我国成为学习大国、人力资源强国和人才强国，为到本世纪中叶建成富强民主文明和谐美丽的社会主义现代化强国奠定坚实基础"的战略目标，系统勾画了我国教育现代化的战略愿景，也明确了我国教育现代化的战略目标、战略任务和实施路径。同时，《中国教育现代化2035》也公布了2035年教育事业发展和人力资源开发主要预期指标。应该说，《中国教育现代化2035》的战略目标和主要具体预期指标为构建体现中国特色、彰显中国国情和教情的教育现代化指标体系提供了重要参考框架。事实上，《中国教育现代化2035》与《2030年可持续发展议程》也是相呼应的，在对标新时代中国特色社会主义建设战略安排，深入分析教育发展趋势和进行国际比较的基础上，提出了到2035年的总体目标。此外，我国2035年远景目标和"十四五"时期经济社会发展主要目标中有关教育和人力资源开发的目标要求，以及国家教育事业发展"十四五"规划中提出的总体目标和具体指标也是构建具有本土特色和国际实质能效可比的中国式教育现代化指标体系的重要依据和参考。

专栏 2-1：《中国教育现代化 2035》提出的"推进教育现代化的总体目标"

到 2020 年，全面实现"十三五"发展目标，教育总体实力和国际影响力显著增强，劳动年龄人口平均受教育年限明显增加，教育现代化取得重要进展，为全面建成小康社会作出重要贡献。在此基础上，再经过 15 年努力，到 2035 年，总体实现教育现代化，迈入教育强国行列，推动我国成为学习大国、人力资源强国和人才强国，为到 21 世纪中叶建成富强民主文明和谐美丽的社会主义现代化强国奠定坚实基础。

2035 年主要发展目标是：建成服务全民终身学习的现代教育体系、普及有质量的学前教育、实现优质均衡的义务教育、全面普及高中阶段教育、职业教育服务能力显著提升、高等教育竞争力明显提升、残疾儿童少年享有适合的教育、形成全社会共同参与的教育治理新格局。

表 2-2 《中国教育现代化 2035》主要预期指标

单位：%

指　　标	2017 年	2020 年	2035 年
学前教育毛入园率	79.6	85	大于 95
九年义务教育巩固率	93.8	95	97
域内义务教育均衡县（市、区）的比例	81（基本均衡）	95（基本均衡）	95（基本均衡）
高中阶段教育毛入学率	88.3	90	97
高等教育毛入学率	45.7	50	65
学前教育教师接受专业教育比例	69.3	75	大于 95
义务教育专任教师中本科以上学历比例	66.1	75	大于 95
新增劳动力中受过高中及高等教育的比例	88	90	85
劳动年龄人口平均受教育年限（年）	10.5	10.8	12

资料来源：《中国教育现代化 2035》。

第三节　进行基于指标和国情的国际指标本土化改造

监测评估是勾画发展现状、研判优势和短板，明晰方位的重要举措。联合国 2030 可持续发展目标，尤其是"教育 2030 行动框架"为构建具有本土特色和国际实质能效可比的中国式教育现代化国际方位指标体系提供了重要的国际指标参考。如前文所述，为切实落实"2030 年可持续发展议程"，联合国成立了 SDGs 指标跨机构专家委员会，并于 2017 年提出了包括 232 个指标的 SDGs 全球指标框架，旨在为开展国家或区域可持续发展目标进展的监测评估提供全球统一的规范性指标体系，以有效推动全球在 2030 年如期实现可持续发展目标。尽管该指标框架每年进行修订完善，然而联合国 SDGs 全球指标体系是根据国家层面的评估监测和全球普适性设计的，不可能充分反映不同地区和国家的特殊情况，难以直接照搬套用到具体国家或地区。此外，可持续发展目标的指标体系中约有 2/3 缺乏官方权威数据。因此，要根据具体国家或区域的特色，从适应性、可量测等方面，在对联合国可持续发展目标每一指标的内涵与用途进行分析的基础上，进行基于指标和事实的国际指标本土化改造，以构建适应本地特色的可持续发展指标体系。事实上，联合国也提出，各国政府可根据 SDGs 全球指标框架进行调整，使之适应各国的背景和优先事项，以有效监测和推进可持续发展目标。在"教育 2030 行动框架"文件中，联合国教科文组织也给出了同样的说明。

从联合国和经济合作与发展组织（Organization for Economic Co-operation and Development，OECD，以下简称"经合组织"）对可持续发

展目标进展进行监测评估的操作方法等国际惯常经验来看，在对全球统一规范性指标的内涵和意图进行分析的基础上，开展可持续发展目标本土化改造的方法主要有4种方式，即：直接选取、改进、扩展或替代。直接采纳即直接引用，是指不改变原有指标名称、定义解释、统计方法而直接使用；扩展是指原有指标名称、定义解释、计算方法基本适用，但其对应的具体目标表述不精准，或者不能完全反映本土特征，需扩展其指标的内涵或改进计算方法；改进修改是在保持指标内涵的基础上，对指标具体定义或者数据统计口径，进行结合本地实际的具体化调整；替代是指原有指标不适用，研究提出近似且实质等效的指标。同时，在通过以上主要方式对可持续发展目标的监测指标进行本土化改造时，还要兼顾指标的实际意义或价值，以及权威数据的可获得性和可及性。

专栏 2-2：我国教育事业发展和人力资源开发主要目标

　　《中华人民共和国国民经济和社会发展第十四个五年规划和2035年远景目标纲要》阐明了国家战略意图，明确了政府工作重点，是我国开启全面建设社会主义现代化国家新征程的宏伟蓝图，提出了"十四五"时期建设高质量教育体系的主要发展目标："全民受教育程度不断提升，劳动年龄人口平均受教育年限提高到11.3年"，"拓展人口质量红利，提升人力资本水平和人的全面发展能力"，"巩固义务教育基本均衡成果，完善办学标准，推动义务教育优质均衡发展和城乡一体化"，"巩固义务教育控辍保学成果"，"巩固提升高中阶段教育普及水平，鼓励高中阶段学校多样化发展，高中阶段教育毛入学率提高到92%以上"，完善普惠性学前教育和特殊教育、专门教育保障机制，"学前教育毛入园率提高到90%以上"，"加快培养理工农医类专业紧缺人才"等。

表 a 我国"十四五"时期教育事业发展和人力资源开发主要指标

指　　标	2020 年	2025 年	属　性
劳动年龄人口平均受教育年限（年）	10.8	11.3	约束性
高中阶段教育毛入学率（%）	91.2%	92 以上	—
学前教育毛入园率（%）	85.2%	90 以上	—
义务教育基本均衡	—	巩固	—
九年义务教育巩固率	—	巩固义务教育控辍保学成果	—
理工农医类专业紧缺人才		加快培养	

表 b 国家教育"十四五"规划主要发展目标

指　　标	2020 年	2025 年
学前教育毛入园率（%）	85.2	大于 90
义务教育巩固率（%）	95.2	96
高中阶段教育毛入学率（%）	91.2	大于 92
高等教育毛入学率（%）	54.4	大于 60
在学研究生规模（万人）	314	405
现代学徒制培养比例（%）	—	10
新增劳动力中受过高等教育的比例（%）	53.5	55
劳动年龄人口平均受教育年限（年）	10.8	11.3

第四节 确定基于多维综合分析的指标监测目标值

为了监测和衡量可持续发展目标进展，分析教育可持续发展目标的状态、主要成效和发展特色，并研判存在的问题和改进方向，必须对指标设定一个适当且明确的终值（目标值）。从具体操作来看，首先是参照德国贝塔斯曼基金会（Bertelsmann Stiftung）与联合国可持续发展解决方案网络（Sustainable Development Solutions Network，SDSN）2017年发布的《SDGs 指数和示板》和《中国落实 2030 年可持续发展议程国别方案》，以及国际权威学术论文中的相关标准等，对本地化指标集的每一个指标进行比对。其次，需要对"教育 2030 行动框架"中所涉及的国际指标监测目标值进行分类以确定明确的 2030 终值。总体来看，"教育 2030 行动框架"中的指标可以分为 4 类，第 1 类是有明确规定的目标水平，即目标有一个确定的目标值表达（如，到 2030 年，确保所有男女童完成免费、公平和优质的中小学教育），或者在少数情况下，表示为相对改善（如，到 2030 年，大幅增加掌握就业、体面工作和创业所需相关技能；到 2030 年，大幅增加合格教师人数）；第 2 类是"教育 2030 行动框架"中没有确定目标值，但能够从其他国际协定或承诺中提取目标水平，例如政府教育支出占国内生产总值（GDP）的百分比、用于基本服务（教育）的开支在政府总开支中的比例，尽管这两个指标在 2030 年教育行动框架没有给出明确的目标值，但在联合国教科文组织 2021 年全球教育大会高级别会议通过的《巴黎宣言：关于投资于教育的未来的全球呼吁》，明确敦促各国政府毫不拖延地兑现在 2015 年仁川世界教育论坛以及 2018 年和 2020 年全球教育会议上作出的承诺：要至少将 4%—6% 的 GDP 和政府公共开支的 15%—20% 分配给教育。第 3 类是从以上两种方式或专家资料中都不能确定目标值的，那么目标水平可以是基于目前国家的"最佳表现"——如某一指标中排名前 5% 或 10% 的国家所达到的平均水平；第 4 类是缺乏明确定量规范的指标（如，是否存在将教育资源重新分配给弱势群体的供资机制），不能够设定量化的目标水平。

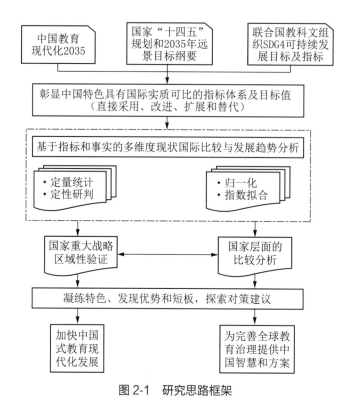

图 2-1　研究思路框架

　　再次，党的二十大报告中提出的到 2035 年我国发展的总体目标为确定中国式教育现代化指标监测目标值指明了重要参考点，即到 2035年人均国内生产总值达到中等发达国家水平，建成教育强国。从量化的操作视角看，按照世界银行划分的高收入国家、中高收入国家，或者经合组织成员国在相关教育指标的现状平均值表现，应该成为判断我国教育现代化国际方位的重要参考依据。其实，从教育强国的本身来看，缘于经合组织等国际组织开展的国际大规模教育评估，在国际上澳大利亚、加拿大、芬兰、新加坡等被认为具有"高表现教育系统"的国家或地区。由此，这些国家或地区在相关教育指标的现状表现也可作为研判中国式教育现代化发展状态、优势和特色、短板和弱项，以及改进方向的重要参考。最后，如上文提及，《中国教育现代化2035》所确定的总体目标，以及教育事业发展和人力资源开发主要预期指标是研判中国式教育现代化进展及国际方位的重要对照性或事实性量化指标值。

第五节　研究方法

研究方法是研究主体在研究活动中按照对研究客体的规律（本质）和研究主体的目的而构建的以发现新认知、揭示本质规律，或提出观点和新理论所设计的"计划、策略、手段、工具、步骤以及过程的总和，是研究的思维方式、行为方式以及程序和规则的集合"。[1] 研究方法贯穿整个研究过程始终，并对研究预设的实现起着决定性作用。正如德国哲学家黑格尔所言："方法并不是外在的形式，而是内容的灵魂和概念。"[2] 换言之，研究方法是由研究内容所决定的。

一、指数拟合法

在统计学和经济学领域，指数（index）是一种表明社会经济现象变动的相对数，能够更直观地对指标原始数据进行标准化，从而使得指标更加易于理解和比较。指数有广义和狭义之分。从广义上讲，凡是表明社会经济现象总体数量变动的相对数都是指数。从狭义上讲，指数是表明复杂社会经济现象总体数量综合变动的一种特殊相对数。所谓复杂

---

① 陈向明：《质的研究方法与社会科学研究》，教育科学出版社2009年版，第5页。
② ［德］黑格尔：《小逻辑》，贺麟译，商务印书馆1997年版，第427页。

社会经济现象总体是指那些由于各部分性质不同而在研究数量特征时不能直接进行加总或对比的总体。统计指数就是反映复杂总体数量综合变动的一类方法。利用统计指数的原理和方法，通过编制实物量指数、价格指数等，可以反映不同产品或商品的实物量、价格等的综合变动情况。广义的统计指数与狭义的统计指数在实际中均得到较为广泛的应用。但从指数理论和方法上看，统计指数所研究的主要是狭义指数。[1]指数按其反映对象范围的不同，分为个体指数和综合指数[2]。个体指数（individual index）是表明某单一要素构成现象变动的相对数；综合指数（composite index）是表明多种要素构成现象的综合变动的相对数，是统计指数的最主要形式。从实际操作来看，综合指数是在确定一套合理的指标体系的基础上，对各项指标个体指数加权平均，计算出综合值用以综合评价的一种方法。即将一组相同或不同指数值通过统计学处理，使不同计量单位、性质的指标值标准化，最后转化成一个综合指数，以准确直观地反映复杂总体数量综合变动情况。

在对复杂社会经济现象的量化分析中，指数是一种十分重要的统计工具：一是综合反映复杂社会经济总体数量综合变动的方向和程度。这是统计指数的最重要的作用。在社会经济现象中，大量存在着不能直接加总或不能直接对比的复杂总体，为了反映和研究它们的变动方向和变

---

[1]《统计指数的概念》，国家统计局，http://www.stats.gov.cn/zs/tjll/tjzs/202302/t20230215_1905782.html，2022 年 11 月 29 日。

[2]《个体指数和综合指数》，国家统计局，http://www.stats.gov.cn/zs/tjll/tjzs/202302/t20230215_1905783.html，2022 年 11 月 29 日。

动程度，只能通过统计指数法，编制统计指数才能得到解决。二是分析和测定复杂社会经济现象总体变动中各因素变动的影响程度。社会经济现象总体中包含着数量因素和质量因素，通过编制数量因素指数和质量因素指数，可以分析和测定各因素变动对总体变动的影响。三是观察社会经济现象之间的变动关系和趋势。利用连续编制的动态指数数列，可以观察现象在一段时间内的发展趋势，也可把相互联系的指标的指数数列进行分析比较，进一步认识复杂现象总体之间数量上的变动关系。

二、标杆分析法

标杆分析法（Benchmarking，BMK）又称基准分析法、定标比超法，为经济类术语，是战略管理中一种重要的顶层规划、分析方法。"标杆"最早指的是地理研究中用来测量相对距离前所必须先决定的某个参考点。[①] 标杆分析法由施乐公司（Xerox）在 20 世纪 70 年代末创立，后经美国生产力与质量中心（APQC）进行系统化和规范化的一种科学研究方法。标杆分析作为识别及落实有效实践的方法，是一个系统的、持续性的评估过程，它通过将评价对象在行业内表现与行业内外的最佳范例之间进行有效对比分析来确认行业提升的潜力、路径与方法。[②] 具体本研究而言，在确定的指标体系中，将我国教育现代化改革发展所取得的成就与高水平、中高水平国家，以及经合组织、欧盟成员国平均水

---

① 欧明臣、凌文轮：《标杆分析法在图书馆绩效评估上的应用》，《情报资料工作》2003 年第 6 期。
② 于文益、黄海滨、肖田野：《标杆分析法的引进与应用研究》，《广东科技》2013 年第 13 期。

平进行对照分析，以探寻我国教育现代化的优势特色和短板弱项，进而借鉴"最佳实践者"国际经验和我国加快推进教育现代化、建设教育强国的战略任务，提出中国式教育现代化改革发展应加快补齐的短板弱项等建议。

三、文献分析法

文献研究法又称为情报研究、案头调研或文案研究，是指对现有文献资料（包括纸质文献、数字化电子文献等多种形式）的检索、搜集、甄别、整理和分析等，进而形成科学认知的方法。[①] 本书在系统梳理已有相关研究成果的基础上，重点对联合国 2030 年可持续发展议程教育监测评价指标体系、联合国教科文组织 2030 年可持续发展教育目标指标体系的元数据（包括相关指标的界定、计算公式或方法、指标功能、数据来源等）进行了深入分析。同时，对《中国教育现代化 2035》《中华人民共和国国民经济和社会发展第十四个五年规划和 2035 年远景目标纲要》，以及《中国教育监测与评价统计指标体系（2020 年版）》等文件中关于教育现代化改革发展的指标和目标进行了系统的梳理和分析。以确保本研究所构建的指标体系具有较强的科学性和针对性，能够更好地反映中国式教育现代化改革发展状况。

四、专家咨询法

创新是创新者在批判吸收前人不断摸索积累下的成果，站在巨人肩

---

① 孟庆茂：《教育科学研究方法》，中央广播电视大学出版社 2001 年版，第 80 页。

膀上的产物。专家咨询法是对选定的权威专家进行多轮次的意见和建议征询的研究方法。在本书中，主要在构建具有中国本土特色且国际实质等效可比的中国式教育现代化指标体系、相关指标的权重、阈值的设定方法等环节，重点征询了学科领域权威学者、教育行政部门管理专家、知名大学校长等专家学者的意见建议，以增强本书的逻辑严密性、研究结论的科学性和合理性。

第三章

指标体系构建和数据来源

为促进全球指标框架的实施，SDGs 指标跨机构专家委员会根据统计技术方法完善水平和全球层面的数据可用性，将所有全球可持续发展目标指标分为以下三个层级：第 1 级：指标在概念上是明确的，有国际上确立的方法和标准，并且与该指标有关的每个区域有至少 50% 的国家（或人口）定期提供更新数据；第 2 级：指标概念明确，有国际上确立的方法和标准，但各国没有定期编制数据；第 3 级：该指标尚无国际公认的统计方法或标准，但正在（或将要）制定或测试统计方法 / 标准。联合国统计委员会认为，所有指标都同样重要，建立层级系统的目的只是为了协助制定全球执行战略。对于第 1 级和 2 级指标，国家层面的数据可用性不一定与全球层级分类一致，各国可以创建自己的层级分类，以便实施监测评估。截至 2022 年 11 月，更新的层级分类包含：第 1 级指标 148 个、第 2 级指标 77 个和 6 个具有多个层级的指标（指标的不同组成部分被归入不同层级）。[①] 在有关教育的可持续发展目标的 13 个指标中，有 8 个属于第 2 级指标（截至联合国统计委员会第 51 届

---

① IAEG-SDGs, "Tier Classification for Global SDG Indicators", United Nations, https://unstats.un.org/sdgs/iaeg-sdgs/tier-classification/，2023 年 3 月 31 日。

会议，全球指标框架不包含任何第 3 级指标）。换言之，全球 SDGs 指标框架中有关教育可持续发展的监测指标仅有不到四成（38.46%）在概念上是明确的，且有国际上确立的方法和标准，能够获得定期的更新数据。

2030 可持续发展目标和具体目标是联合国在同世界各地的民间社会和其他利益攸关方进行长达两年的密集公开磋商和意见交流，尤其是倾听最贫困最弱势群体的意见后提出的，具有全球性，普遍适用于发达国家和发展中国家。但联合国《2030 年可持续发展议程》明确提出要尊重各国的政策和优先事项，为各国留下了在具体目标和指标之间确定优先次序的余地，承认并非每个目标或指标都适用于所有国家，指出："目标被定义为是渴望达到的愿景性和全球性的，各国政府在全球目标水平的指导下，兼顾本国国情制定自己的国家目标。各国政府还将决定如何把这些激励人心的全球目标列入本国的规划工作、政策和战略"。[①] 联合国教科文组织也明确提出，可持续发展目标 4 的具体目标清楚地阐述了一项全球层面的抱负，且适用于所有国家，鼓励各国努力加快实现该抱负的进度。但与此同时，尊重各国的政策和优先事项，并"期待各国政府以本国在教育方面的优先事项、国家发展策略和计划、本国构建教育体系的方式、本国的机

---

① UN, "Transforming our world: the 2030 Agenda for Sustainable Development", United Nations, https://sdgs.un.org/documents/ares701-transforming-our-world-2030-agen-21254，2015 年 9 月 25 日。

构能力和资源充盈程度为根据，将全球目标转化成可以实现的本国目标"。①

第一节　对可持续发展目标4指标类别的分析

对"教育2030行动框架"的指标体系进行系统的把握和充分的分析，包括不同指标所属的4个不同层面（全球指标、专题指标、地区指标和国家指标），以及基于政策结果链的CIPP指标分类。

一、"教育2030行动框架"指标体系的4个层面

联合国教科文组织把"教育2030行动框架"的指标进行了4个层面的划分：

一是全球指标，是指为了监测实现相关具体目标的进度，通过联合国统计委员会主持的协商程序，为所有可持续发展目标，其中包括关于教育的可持续发展目标4制订的若干具有全球可比性的指标。用于监测可持续发展目标4的11项全球指标由SDGs指标跨机构专家委员会制订，并于2016年3月经联合国统计委员会第47届会议批准。这11项全球指标是各国可用于监测可持续发展目标4各项具体目标的最基本指标和参考框架（见表3-1）。

---

① UNESCO, "Education 2030: Incheon Declaration and Framework for Action for the implementation of Sustainable Development Goal 4", UNESCO, https://unesdoc. unesco.org/ark:/48223/pf0000245656，2015年5月21日。

表 3-1　可持续发展目标 4 全球指标框架

（截至 2016 年 7 月）

目标：确保包容和公平的优质教育，让全民终身享有学习机会
4.1　到 2030 年，确保所有男女童完成免费、公平和优质的中小学教育，并取得相关和有效的学习成果
4.1.1　（a）2/3 年级、（b）初等教育结业时、（c）初级中等教育结业时（i）阅读和（ii）数学至少达到最低限度熟练水平的儿童和青年比例，按性别分列
4.2　到 2030 年，确保所有男女童获得优质幼儿发展、看护和学前教育，为他们接受初等教育做好准备
4.2.1　在健康、学习和心理方面发育正常的 5 岁以下儿童比例，按性别分列
4.2.2　有组织学习的参与率（官方规定的小学入学年龄前一年），按性别分列
4.3　到 2030 年，确保所有男女平等获得负担得起的优质技术、职业和高等教育，包括大学教育
4.3.1　过去 12 个月内青年和成人对正规及非正规教育与培训的参与率，按性别分列
4.4　到 2030 年，大幅增加掌握就业、体面工作和创业所需相关技能，包括技术性和职业性技能的青年和成年人数
4.4.1　掌握信息通信技术（ICT）的青年和成人比例，按技能类型分列
4.5　到 2030 年，消除教育中的性别差距，确保残疾人、土著居民和处境脆弱儿童等弱势群体平等获得各级教育和职业培训
4.5.1　这份清单上可以分列的所有指标的均等指数（女性 / 男性、农村 / 城市、最贫穷的五分之一 / 最富有的五分之一以及有数据可查的其他情况，例如残疾情况、土著居民、受冲突影响的群体）
4.6　到 2030 年，确保所有青年和大部分成年男女具有识字和计算能力
4.6.1　某一特定年龄组中实用（a）读写和（b）计算技能至少达到某一特定熟练水平的人口百分比，按性别分列
4.7　到 2030 年，确保所有进行学习的人都掌握可持续发展所需的知识和技能，具体做法包括开展可持续发展、可持续生活方式、人权和性别平等方面的教育、弘扬和平和非暴力文化、提升全球公民意识，以及肯定文化多样性和文化对可持续发展的贡献
4.7.1　（i）全球公民教育和（ii）可持续发展教育，包括性别平等和人权，在（a）国家教育政策、（b）课程、（c）师范教育和（d）学生评估等各个层面纳入主流化的程度
4.a　建立和改善兼顾儿童、残疾和性别平等的教育设施，为所有人提供安全、非暴力、包容和有效的学习环境

4.a.1 具备（a）电力、（b）教学用因特网、（c）教学用计算机、（d）经过调整适合残疾学生使用的基础设施和教材、（e）基本饮用水、（f）男女分开的基础卫生设施、（g）基本洗手设施（按照人人享有饮水、环境卫生和个人卫生（WASH）指标的定义）的学校比例
4.b 到 2020 年，在全球范围内大幅增加发达国家和部分发展中国家为发展中国家，特别是最不发达国家、小岛屿发展中国家和非洲国家提供的高等教育奖学金数量，包括职业培训和信息通信技术、技术、工程、科学项目的奖学金
4.b.1 用于发放奖学金的官方发展援助数额，按部门和学习类型分列
4.c 到 2030 年，大幅增加合格教师人数，具体做法包括在发展中国家，特别是最不发达国家和小岛屿发展中国家开展师资培训方面的国际合作
4.c.1 至少接受过在特定国家相关教育层次执教所需的最低限度有组织的职前或在职师资培训（例如教学法培训）的（a）学前、（b）小学、（c）初中、（d）高中教师比例

资料来源：UNESCO, "Education 2030: Incheon Declaration and Framework for Action for the implementation of Sustainable Development Goal 4", UNESCO, https://unesdoc.unesco.org/ark:/48223/pf0000245656，2015 年 5 月 21 日。

二是专题指标，是指教育界为了更全面地追踪调查各国的教育目标而提议的多个具有国际可比性的指标，它们包括全球指标在内。在全球指标的基础上，联合国教育指标咨询小组（TAG）制定了一系列具有国际可比性，且范围更广的指标，由联合国教科文组织统计研究所（UIS），在与各国、合作伙伴以及利益攸关方在可持续发展目标 4—2030 年教育指标技术合作小组（TCG）框架内开展合作的基础上付诸实施。专题指标旨在记录全球教育事业的进展情况，同时更加全面地监测可持续发展目标 4 中与教育有关的具体目标在各国的情况，从而找出围绕具体目标的概念出现的、而全球指标又没能充分反映出的挑战。专题指标框架将全球指标作为一个子集，同时还包含一系列拟议的新增指标，各国可根据本国国情、政策优先事项、技术能力和数据情况，利用这些指标开展监测工作。从后续联合国教科文组织推动全球对可持续发展目标 4 的监测工作来看，2016 年 7 月拟定的可持续发展目标 4 专题指标框架实际上是可持续发展目标 4 指标清单的初始版本（见表 3-2）。

表 3-2　可持续发展目标 4 专题指标框架
（截至 2016 年 7 月）

概　念	序　号	指　　标
4.1　到 2030 年，确保所有男女童完成免费、公平和优质的中小学教育，并取得相关和有效的学习成果		
学习	1	（a）二/三年级、（b）初等教育结业时、（c）初级中等教育结业时（i）阅读和（ii）数学至少达到最低限度熟练水平的儿童和青年比例，按性别分列
	2	在（i）初等教育期间、（ii）初等教育结业时、（iii）初级中等教育结业时实施具有全国代表性的学业评估
完成	3	最后一年级（小学、初中）的毛在学率
	4	完成率（小学、初中、高中）
参与	5	失学率（小学、初中、高中）
	6	超学龄儿童百分比（小学、初中）
规定	7	法律框架保证的（i）免费和（ii）义务初等和中等教育的年限
4.2　到 2030 年，确保所有男女童获得优质幼儿发展、看护和学前教育，为他们接受初等教育做好准备		
准备状态	8	在健康、学习和心理方面发育正常的 5 岁以下儿童比例，按性别分列
	9	体验过积极和激发热情的家庭学习环境的 5 岁以下儿童百分比
参与	10	有组织学习的参与率（官方规定的小学入学年龄前一年），按性别分列
	11	学前教育毛入学率
规定	12	法律框架保证的（i）免费和（ii）义务学前教育的年限
4.3　到 2030 年，确保所有男女平等获得负担得起的优质技术、职业和高等教育，包括大学教育		
参与	13	高等教育毛入学率
	14	职业技术教育课程参与率（15 至 24 岁）
	15	过去 12 个月内青年和成人对正规及非正规教育与培训的参与率，按性别分列

续表

概　念	序　号	指　标
4.4　到 2030 年，大幅增加掌握就业、体面工作和创业所需相关技能，包括技术性和职业性技能的青年和成年人数		
技能	16.1	在数字化读写技能方面至少具备基本熟练程度的青年 / 成人百分比
	16.2	掌握信息通信技术（ICT）的青年和成人比例，按技能类型分列
	17	按年龄组、经济活动状况、教育层次和课程方向分列的青年 / 成人教育程度比例
4.5　到 2030 年，消除教育中的性别差距，确保残疾人、土著居民和处境脆弱儿童等弱势群体平等获得各级教育和职业培训		
跨目标的公平度	...	这份清单上可以分列的所有指标的均等指数（女性 / 男性、农村 / 城市、最贫穷的五分之一 / 最富有的五分之一以及有数据可查的其他情况，例如残疾情况、土著居民、受冲突影响的群体）凡有可能，应就其在整个群体中的分布情况提出其他指标
政策	18	以母语作为教学语言的初等教育入学学生百分比
	19	以明确的政策在多大程度上将教育资源重新分配给弱势群体
	20	按教育层次和资金来源分列的每名学生的教育开支
	21	分配给低收入国家的教育援助总额百分比
4.6　到 2030 年，确保所有青年和大部分成年男女具有识字和计算能力		
技能	22	某一特定年龄组中实用（a）读写和（b）计算技能至少达到某一特定熟练水平的人口百分比，按性别分列
	23	青年 / 成人识字率
规定	24	青年 / 成人的扫盲计划参与率
4.7　到 2030 年，确保所有进行学习的人都掌握可持续发展所需的知识和技能，具体做法包括开展可持续发展、可持续生活方式、人权和性别平等方面的教育、弘扬和平和非暴力文化、提升全球公民意识，以及肯定文化多样性和文化对可持续发展的贡献		
办学	25	（i）全球公民教育和（ii）可持续发展教育，包括性别平等和人权，在（a）国家教育政策、（b）课程、（c）师范教育和（d）学生评估等各个层面纳入主流化的程度
知识	26	对于全球公民和可持续性问题体现出充分了解的学生百分比，按年龄组（或教育层次）分列
	27	体现出精通环境科学和地球科学知识的 15 岁学生百分比
规定	28	开设基于生活技能的艾滋病毒和性教育的学校百分比
	29	在国内落实世界人权教育方案框架的程度（根据联合国大会第 59/113 号决议）

概　念	序　号	指　　标
4.a　建立和改善兼顾儿童、残疾和性别平等的教育设施，为所有人提供安全、非暴力、包容和有效的学习环境		
资源	30	具备（ⅰ）基本饮用水、（ⅱ）男女分开的基础卫生设施、（ⅲ）基本洗手设施的学校比例
	31	具备（ⅰ）电力、（ⅱ）教学用因特网、（ⅲ）教学用计算机的学校比例
	32	具备经过调整适合残疾学生使用的基础设施和教材的学校比例
环境	33	遭遇欺凌、体罚、骚扰、暴力侵害、性歧视和虐待的学生百分比
	34	学生、工作人员和机构受到攻击的次数
4.b　到2020年，在全球范围内大幅增加发达国家和部分发展中国家为发展中国家，特别是最不发达国家、小岛屿发展中国家和非洲国家提供的高等教育奖学金数量，包括职业培训和信息通信技术、技术、工程、科学项目的奖学金		
数量	35	受益国高等教育奖学金获得数量
	36	用于发放奖学金的官方发展援助数额，按部门和学习类型分列
4.c　到2030年，大幅增加合格教师人数，具体做法包括在发展中国家，特别是最不发达国家和小岛屿发展中国家开展师资培训方面的国际合作		
合格	37	符合国家标准的合格教师百分比，按教育层次和机构类型分列
	38	按教育层次分列的学生/合格教师比率
受过培训	39	至少接受过在特定国家相关教育层次执教所需的最低限度有组织的职前或在职师资培训（例如教学法培训）的（a）学前、（b）小学、（c）初中、（d）高中教师比例
	40	按教育层次分列的学生/受过训练的教师比率
有干劲	41	教师平均薪金与需要类似教育程度的其他行业相比较
	42	按教育层次分列的教师流失比例
得到资助	43	过去12个月内接受过在职培训的教师百分比，按培训类型分列

备注：4.1至4.7为具体目标，4.a至4.c为实施办法。

资料来源：UNESCO, "Education 2030: Incheon Declaration and Framework for Action for the implementation of Sustainable Development Goal 4", UNESCO, https://unesdoc.unesco.org/ark:/48223/pf0000245656, 2015年5月21日。

此外，"教育2030行动框架"还提出另外两类指标，即：地区指标和国家指标。地区指标是指考虑到具体地区背景和应当优先考虑的相关政策事项，可能为不容易进行全球比较的概念制定的额外指标。国家指标是指各国考虑到本国背景，为了适应本国教育体系、计划和政策议程而选定或制定的指标。实际上，地区指标和国家指标是联合国教科文组织为不同国家和地区进行指标的本土化改造预留的空间，也是鼓励不同国家和地区将全球目标转化成可以实现的本国目标。

二、基于政策结果链的 CIPP 指标分类

整体来看，"教育 2030 行动框架"所涵盖的指标众多，加上这些指标是适用于发展中国家和发达国家的全球层面规范性框架，并且这些指标中部分尚无国际公认的统计方法或标准，缺乏相关数据，导致具体国家统计系统和政策制定者在实施监测工作时面临指标不适应或数据缺乏的挑战性。因此，在资源有限和利益冲突的情况下，需要优先填补数据空白，以最大限度地利用数据和提高数据的相关性。同时，具体国家在开展监测时通常会确定优先次序，以评估当前形势并支持决策。事实上，联合国教科文组织也鼓励各国和全世界在付出努力消除衡量教育公平和包容以及质量和学习成果方面的差距时，以各国背景和数据使用情况为根据，按照这些指标的相关性，对教育可持续发展目标进展进行跟踪监测和评估。

由上文来看，"教育 2030 行动框架"中的专题指标框架包括不同性质的指标，混淆了投入、过程、产出和结果。[①] 政策结果链为评估与可

---

① Stiglitz, J., J. Fitoussi and M. Durand, *For Good Measure: Advancing Research on Well-being Metrics Beyond GDP*, Paris: OECD Publishing, 2018, pp.33–35.

持续发展目标进展提供了一个有效的概念方法，为可持续发展目标指标的结构引入了政策视角。① 政策结果链详细说明了指标所描述的政策干预的不同部分，从使用的投入（资源）到政策过程，然后是政策干预的产出，最后是结果，即"确保包容和公平的优质教育，让全民终身享有学习机会"的实现进展。为了根据政策结果链的结构评估可持续发展目标4的指标进展，可将该指标框架正式清单（2022年3月）中的所有44项指标分类为背景（context）、投入（input）、过程（process）、产出（product）或结果（outcome）② （完整清单见附件2）。

通过归类分析发现，在44个指标中，最大的一组指标是产出或结果（占36.4%，16个指标），其次是投入指标（占27.3%，12个指标），再次是过程指标（占22.7%，10个指标），背景指标占比为20.5%（详见图3-1）。虽然在结果指标（如失学率、最后一学年毛在学率）和过程指标（如毛入学率）中都隐含着规范性方向，但对于投入（政府教育支出占GDP中的比例）或产出指标（青年/成人识字率）来说，通常是引导性方向。基于CIPP政策结果链的指标分类可以让各国确定在实现教育可持续发展目标方面所面临的关键差距。例如，某一国家在与过程相关的指标方面差距较小，但在与结果相关的指标方面差距较大，则可能需要更加关注执行机制。同时，可持续发展目标4指标在CIPP结果

---

① OECD, *Measuring Government Activity*, Paris: OECD Publishing, 2009, pp.15–21.

② Thomas Kellaghan, Daniel L. Stufflebeam, *International Handbook of Educational Evaluation (Part One: Perspectives)*, Springer Dordrecht, 2003, pp.31–62.

链中的这种分布表明，以政策结果链为重点的可持续发展目标评估可侧重于相关类别。例如，为了评估"教育2030行动框架"所要求的结果是否已经实现，分析可能只侧重于评估结果类指标；而侧重于投入和资源是否被用于教育可持续发展目标的评估，可侧重于投入类指标。

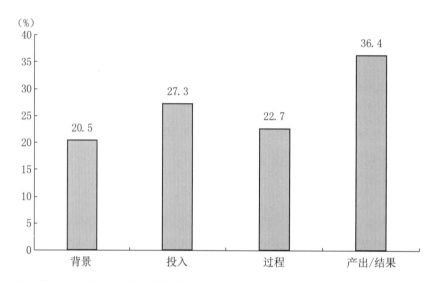

备注：有3个指标同时属于背景或投入，有1个指标同时属于背景或过程。

图3-1 可持续发展目标4指标框架在CIPP成果链中的映射情况

最后，以2022年3月联合国教科文组织更新的可持续发展目标4指标正式清单为基础，结合国际惯常做法，通过直接选取、改进、扩展或替代等4种方式对可持续发展目标4指标进行筛选或改善，形成符合联合国教科文组织监测要求且适切我国教情国情的监测指标，并在此基础上，以可量化的监测指标为重点，也可从教育经费投入、教育普及公平、人力资源开发和师资队伍等4个方面分析我国教育现代化的国际方位。

第二节 构建指标体系的基本原则

鉴于教育系统本身的复杂性，以及教育的改革发展受到多种因素的影响，构建形成彰显中国特色且具有国际实质等效可比性的指标体系需要遵循明确的基本原则。在开始具体构建指标体系工作之前，本书经过广泛而深入地征询权威专家学者的意见和建议，确定了指标选取时所遵循的以下 5 项基本原则，可以说，彰显中国特色且国际实质等效可比的指标体系从构建源起就是吸纳各方意见、集中各方智慧的结晶。具体而言，这 5 项基本原则包括：

一、指标具有全球意义且适应本土实际

选取可适用于广泛的国家环境、国际通用指标构建评价指标体系，指标内涵和数据统计口径与国际规范实质可比，可以直接比较各国的表现。同时，每项指标对于我国本土实践而言应具有实际意义或价值。

二、数据来源权威、可获得且具有及时性

数据来源于公认的国际组织机构和国家官方统计和调查，或其他有信誉的来源（如同行评议的出版物等）。确保数据的准确性、权威性、可获得。同时，选定的指标是最新的，并是合理时间（一般为最近 5 年）内公布的数据。

三、覆盖范围具有典型代表性

所选取的评价对象必须是科技资源投入与创新产出较大的国家，最终选取了世界上全国人口超过 500 万的 51 个联合国会员国中，至少要

有 80% 数据的国家。由于俄罗斯在拟定的指标体系中数据缺失较多或数据年份较为陈旧，故在本研究选定的 51 个国家中没有把俄罗斯列入。

四、定量测评与定性分析相结合

选定的指标具有统计上的充分性，有可靠和有效的保障措施。由此，选取指标以定量统计指标（相对指标，如百分比、生均或人均等）为主，同时也适当采用具有可靠且权威信息来源的定性判断指标。

五、能够进行横向方位比较和纵向分析

所选取的指标能够进行横向的国际方位比较研判，同时还能够开展时间序列纵向的历史发展轨迹和趋势分析。

遵循以上原则，在对联合国教科文组织于 2022 年 3 月更新的 44 个指标进行逐条元数据和统计技术报告（Metadata and Methodological Documents）[①] 的深入分析基础上，结合《中国落实 2030 年可持续发展议程国别方案》中提及的教育举措和承诺、《中国教育现代化 2035》主要预期指标、我国"十四五"时期教育事业发展和人力资源开发主要指标、国家教育"十四五"规划主要发展目标，采用直接选取、改进、扩展或替代等国际指标本土化改造的主要方法，同时多轮次充分听取权威专家的意见和建议，拟定了用于在国际比较视野下研判中国式教育现代化改革发展成就，且彰显中国特色的同时兼具有"国际可比性"和"实质等效性"的指标体系（见表 3-3）。

---

① UNESCO, "Metadata and Methodological Documents", UNESCO, https://tcg.uis.unesco.org/methodological-toolkit/metadata/，2023 年 3 月。

表 3-3 中国式教育现代化国际方位指标体系

序号	指 标		数据主要来源
1	政府教育支出占国内生产总值（GDP）的百分比		WB、UIS、OECD
2	政府总支出中用于基本服务（教育）的比例		WB、UIS
3	高中阶段教育完成率		UIS、OECD
4	最后一学年毛在学率（小学、初中）	4.1 小学五年保留率	WB、UIS
		4.2 九年义务教育巩固率	UIS
5	基础教育毛入学率	5.1 小学阶段教育毛入学率	UIS、WB、OECD
		5.2 初中阶段教育毛入学率	UIS、WB
6	学前教育毛入园率		UIS、WB
7	高中阶段教育毛入学率		UIS、OECD
8	高等教育毛入学率		UIS、WB
9	高校毕业生中 STEM 专业占比		UIS、OECD、EU
10	劳动年龄人口平均受教育年限		UNDP、UIS
11	成人识字率 / 文盲率		UIS、OECD、WB
12	生均财政保障水平	12.1 幼儿园生均财政经费支出	UIS、WB、OECD
		12.2 小学生均财政经费支出	UIS、WB、OECD
		12.3 初中生均财政经费支出	UIS、WB、OECD
		12.4 高中生均财政经费支出	UIS、WB、OECD
		12.5 高校生均财政经费支出	UIS、WB、OECD
13	高等教育留学生占全球留学生的比例		UIS、IIE
14	学生与合格教师的比例	14.1 学前教育生师比	UIS、WB、OECD
		14.2 小学阶段生师比	UIS、WB、OECD
		14.3 初中阶段生师比	UIS、WB、OECD
		14.4 高中阶段生师比	UIS、WB、OECD
15	教师平均工资收入（PPP$）	15.1 学前教育教师平均工资	OECD
		15.2 小学阶段教师平均工资	OECD
		15.3 初中阶段教师平均工资	OECD
		15.4 高中阶段教师平均工资	OECD

序号	指　标		数据主要来源
16	过去 12 个月内接受过在职培训的教师百分比	16.1 小学阶段教师	UIS
		16.2 初中阶段教师	UIS
17	法律框架中保障的学前教育年数		UIS
18	法律框架保障的义务教育年数		UIS
19	存在将教育资源重新分配给弱势人群的供资机制		UIS
20	人均 GDP		WB
21	全球人才竞争力指数 (IMD)		IMD
22	全球创新指数 (GII)		WIPO
23	全球竞争力指数（WEF）		WEF

备注：1. WB 指世界银行 DataBank 数据库；UIS 指联合国教科文组织统计所，包括 UIS.Stat 和 SDG4 Data 数据库的数据；OECD 指经合组织的 OECD.Stat 数据库；IEE 指国际教育协会的全球留学数据库（Global Data）；EU 指欧盟 EuroStat 数据库。

2. 相同指标不同来源的数据，按照权威性（国家统计数据优先）、最近年份等原则进行综合取舍。

第三节　指标目标值的确定

对我国教育现代化国际方位的判断，不仅要在与发达国家横向对比中进行，还要从纵向发展的角度对我国教育现代化的成就进行分析，而其中对照"教育 2030 行动框架"中的目标进行对照分析，也是重要的维度之一。由此，需要对 2030 年的目标值进行分析，并确定适当的终值（目标水平）。然而，"教育 2030 行动框架"并不总是规定要达到的终值。因此，对于每个指标的目标值使用以下步骤来确定，具体包括：

一、在可能的情况下，使用"教育 2030 行动框架"中规定的目标水平

这类指标通常是目标措辞中有确定的一个固定值（例如，目标 4.1

到 2030 年，确保所有男女童完成免费、公平和优质的中小学教育，并取得相关和有效的学习成果），或者在少数情况下，表述为相对改善［例如，目标 4.4 到 2030 年，大幅增加掌握就业、体面工作和创业所需相关技能（包括技术和职业技能）的青年和成年人数，目标 4.c 到 2030 年，大幅增加合格教师的供给，包括通过国际合作在发展中国家，特别是最不发达国家和小岛屿发展中国家进行教师培训］。

二、如果"教育 2030 行动框架"文本中没有确定目标值，则从其他国际协定、宣言或承诺中提取目标水平

例如，《巴黎宣言：关于投资于教育的未来的全球呼吁》、2015 年仁川世界教育论坛以及 2018 年和 2020 年全球教育会议上作出的承诺：要至少将 4%—6% 的国内生产总值和政府公共开支的 15%—20% 分配给教育；或根据专家和国际惯例判断，例如，国际上通常认为，高等教育毛入学率在 15% 以下时属于精英教育阶段，15%—50% 为高等教育大众化阶段，50% 以上为高等教育普及化阶段。

三、如果以上两种方法或途径都不能确定指标的目标值，那么目标水平是基于目前世界各国的"最佳表现"

最佳表现被定义为排名前 10% 或排名前 5 的国家（或高收入、中高收入水平国家）所达到的平均水平（例如，4.4.1 掌握 ICT 技术的青年和成人比例）。在某些情况下，部分指标上限存在最佳表现国家的发展现状值超过了到 2030 年为实现可持续发展目标必须达到的门槛或目标，如 4.1.3 最后一学年毛在学率（小学教育、初中教育）、4.2.4 学前教育毛入学率等，部分最佳表现国家的指标现状值超过了100%，则仍然使用2030年可持续发展议程教育目标（100%）作为指标终值。

四、最后，对于缺乏明确规范方向的指标，没有设定量化的目标终值

如4.1.7法律框架保证的义务教育的年限，4.2.5法律框架保证的学前教育的年限，4.5.3存在将教育资源重新分配给弱势人群的机制。

总体而言，在本研究的指标目标值确定中，关于教育公平与普及的指标终值是根据2030年可持续发展教育目标中规定的明确目标而确定的；对于"生均教育支出"等是使用"最佳表现"国家或高收入、中高收入水平国家的平均水平作为标杆而设计的；对于教育经费投入（目标FFA，1.a.2）等指标的目标值则是参照上文提及的国际宣言、倡议或承诺而进行确定的。

第四节　数据来源和覆盖范围

如上文所述，综合考虑2022年3月更新的可持续发展目标4的正式指标清单、《中国教育现代化2035》等指标体系，通过采用直接选取、改进、扩展或替代等方法，结合权威专家的意见建议，最终确定的用于研判中国式教育现代化国际方位和发展趋势，且兼具有中国特色和国际实质等效可比的指标体系，共包括19个指标（其中规定性定性指标3个，包括SDG4.1.7、SDG4.2.5、SDG4.5.3），同时，每个量化指标包括有1—5个数量不等的次级监测点，总的来说，包含的指标总数相当于33个。此外，还增加了不参与指数值拟合的背景指数，包括人均

GDP、全球创新指数（GII）、全球人才竞争力指数（IMD）、全球竞争力指数（WEF）。

一、数据来源

搜集整理相关数据是本研究的重点工作。为此，本研究从联合国教科文组织统计研究所数据库（UIS. Stat）、世界银行数据库（World Bank Open Data）、经合组织数据库（OECD. Stat）、欧盟教育和培训数据库（Euro Stat）等国际组织网站，以及美、德、英、芬、加、日、韩等高质量教育体系国家或地区的官方数据库进行一手国际数据的搜集整理。

本书综合使用可持续发展目标指标官方数据源和非官方数据源。官方数据主要包括两部分，一是指由国家政府向国际组织报告的数据，二是指各个国家政府部门或统计机构发布的数据。通常情况，官方数据一般会涉及一系列报送程序和过程，以确保概念、数据收集方法和结果的可比性。非官方数据通常是由非政府机构（研究机构、大学、非政府组织、私营部门）发布的权威数据，如联合国开发计划署、世界知识产权组织、世界经济论坛等。非官方数据有助于弥补官方数据的缺失。实际上，官方数据也不足以全面监测可持续发展目标的实施情况，非官方数据来源可以帮助弥补官方统计中的一些数据空白。在某些情况下，非官方数据被用来改进有明显偏差的官方估计。此外，一些学者研究报告中的数据也作为本研究的参考数据源之一。

二、参考年份

国际组织的数据验证过程会导致一些数据的发布出现重大延误。一般而言，由于及时的数据验证过程和各国不系统的报告，源自官方（经合组织、世界银行、儿童基金会等）的数据通常与报告的发布有 2—3 年的时间滞后差，且在某些情况下，相当一部分国家的数据更新甚至更慢。由此，目前国际数据实际可获得的最新数据主要为 2020 年的数据。

为了从多个维度审视我国教育现代化进展及其在国际社会中的方位和变化趋势，在选定的指标上，本书以 2011—2020 年的绝对数据表现为依据，以高收入、中高收入国家，经合组织成员国和欧盟成员国平均水平，以及部分发达国家等在相关指标的数据表现为标杆，综合分析我国教育现代化的国际方位和发展趋势。

此外，为了比较的一致性，在指数计算时，我国数据选取年份与国际数据实际可获得的最新年份（2020 年）保持一致。总体而言，本书中指数拟合计算所包含的数据参考年份有 74% 是 2020 年的，有 22% 的指标或监测点数据是 2018—2019 年的数据，2021 年的数据为 4% 左右。

三、覆盖范围

考虑到我国的人口、人均 GDP 等国情特点，本书对研究对象国家的遴选，遵循以下条件：①根据世界银行 2023 财年的划分标准，属于中上收入国家和高收入国家；② 2021 年人口大于 500 万的国家；③考虑到印度世界人口大国的因素，尽管印度为中低收入水平国家，但也把其纳入分析国家范围。由此，剔除 2021 年人口总数小于 500 万的中高收入水平国家（28 个）和高收入水平国家（48 个）（二者合计共 76 个），纳入本分析范围的中高收入国家（26 个）和高收入国家（32 个），二者共计 58 个国家；再加上印度，共计 59 个。

最后，考虑到数据的缺失率（指标/监测点数据缺失率不超过20%），删减了俄罗斯、阿根廷、白俄罗斯、古巴、伊拉克、利比亚、沙特阿拉伯、土库曼斯坦等数据覆盖率低于 80% 的国家，最终纳入本研究分析范围的国家有 51 个；其中高收入水平国家 31 个，占比为60.78%，中高收入水平国家 19 个，占比 37.25%。附件 3 提供了纳入本书分析范围的国家名单。

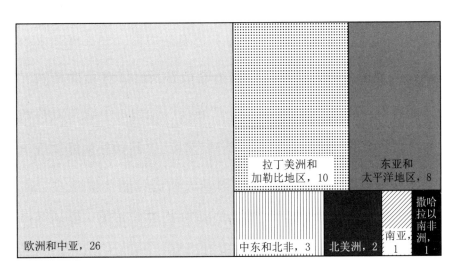

图 3-2 纳入本书分析范围的国家区域分布

四、缺失值的处理

通常而言，替换缺失值的常用方法包括：

一是删除法，包括：①整行（样本）删除，缺失行占总体的比例应非常低，一般在 5% 以内；②整列（变量）删除，缺失值占整列（某个变量）的比例较高，一般在 70% 左右，且对研究目标影响不大。

二是平均值法，包括：①序列平均值，使用替换变量的平均值替换缺失值；②邻近点平均值，使用邻近点周围有效值的平均值替换缺失值；③邻近点的中间值，使用邻近点有效周围值的中位数替换缺失值。

三是临近点线性趋势法（模型法），使用该点的线性趋势替换缺失值。现有变量在变量值为从 1 到 n 的索引变量上回归，缺失值将替换为其预测值。

四是线性插值法，使用线性插值替换缺失值，包括：①单一插补法，使用缺失值之前的最后一个有效值和之后的第一个有效值的均值（均值包括平均值、众数、中位数等）替换缺失值，如果序列中的第一个或最后一个个案具有缺失值，则不能被替换；②多重插补法，主要分为三个步骤：插补—分析—合并。"插补"是为每个缺失值都构造出 m 个可能的插补值，缺失模型具有不确定性，这些插补值能体现出模型的这个性质，利用这些可能插补值对缺失值进行插补就得到了 m 个完整数据集。"分析"是对插补后的 m 个完整数据集使用一样的统计数据分析方法进行分析，同时得到 m 个统计结果。"综合"就是把得到的这 m 个统计结果综合起来得到的分析结果，把这个分析结果作为缺失值的替代值。多重插补构造多个插补值主要是通过模拟的方式对估计量的分布进行推测，然后采用不同的模型对缺失值进行插补，这种插补是随机抽取的方式，以提高估计的有效性和可靠性。多重插补法主要有 PMM 法、趋势得分法（PS）和马尔科夫链蒙特卡罗法（MCMC）等。

具体到本研究而言，针对国际数据存在普遍缺失或滞后性的问题，借鉴联合国和教科文组织的经验，考虑到许多可持续发展目标的优先事项缺乏广泛接受的统计模型来归纳国家层面的数据，因此本书中一般不归纳或模拟任何缺失数据。对2020年的缺失数据采用前后3年的最近年份数据进行补充的总体原则同时，对以下变量做了例外处理：

① 高校毕业生中STEM专业毕业生占比。中国科协创新战略研究院报告（2022）称，我国STEM本科毕业生占比在近十年维持在50%左右，但STEM专业毕业生总量占比呈现缓慢下降的趋势，由2010年的49.76%逐年降低至2019年的47.20%。[①]对于2020年中国高校毕业生中STEM专业占比数据，假设其数值为47.2%。

② 成人识字率。许多高收入国家已经实现了高识字水平，不再进行识字统计，因而不包括在统计研究所的数据中。参考联合国开发计划署人类发展指数（HDI）的做法，对于没有报告该数据的高收入国家，假设其成人识字率为99.0%。

③ 高等教育留学生占全球留学生的比例。国际教育协会（IEE）给出了2020年占全球留学生比例前10位国家的具体数据，在结合2016—2020年全球留学生占比每年排名前10国家的变化情况后，对没有相关数据的国家假设其在该指标的数值为0。

④ 毛入学率。对于极个别没有报告入学率（幼儿园、小学、初中、

---

① 金锋、秦坚松、马骁：《优化我国科技人才队伍层次结构提升全球竞争力》，中国科协创新战略研究院，https://www.cnais.org.cn/cms_files/filemanager/kxcxzlyjy/uploads/admin/202211/637db9bf5168b.pdf，2022年9月21日。

高中和高等教育）的国家和地区，在无法获得 2020 年前后 3 年或 5 年数据的时候，本书中采用该国家所在收入水平国家平均值作为替代值。

⑤ 过去 12 个月内接受过在职培训的教师百分比。对于个别没有报告该数据的国家和地区，且在无法获得 2020 年前后 3 年数据的时候，本书中使用 TALIS 2018 相关调查数据作为替代。

⑥ 教师平均工资收入（PPP$）[①]，提供教师年均工资收入的国家主要是经合组织成员国，对于没有报告该数据的经合组织成员国，且无法获得 2020 年前后 3 年数据的时候，假设其该指标数值为经合组织成员国平均值。对于非经合组织成员国，且无法获得 2020 年前后 3 年数据时，本书中在拟合国家指数或排名时会给出另外不考虑教师平均工资收入情况下的结果。

---

① 通常人们使用官方汇率将各经济体货币转化为同一货币。但一些经济学家认为，汇率易受国际资本流动、宏观经济波动的影响，只体现了不同经济体可贸易品间的比价关系，未能消除经济体间价格水平差异。为克服汇率作为货币转换因子的弊端，经济学家发明了"购买力平价（Purchasing Power Parity，PPP）"这一指标。与汇率不同，PPP 是人为构造出的一个货币转换因子。因此，尽管其避免了汇率的诸多缺陷，但其准确性受基础数据、统计测度理论和技术方法的影响较大。构造和生产 PPP 的项目很多，目前影响力最大的是由联合国和世界银行主导的国际比较项目（International Comparison Program，ICP）。从 2017 年起，ICP 大约每 3 年组织实施一次，各轮次 PPP 测算方法可能存在差异。新一轮结果公布后，需调整之前轮次的测算结果。2017 年 ICP 最终结果显示，中国 2017 年的 PPP 为 4.18，即 4.18 元人民币等于 1 美元，低于当年汇率 6.76。从全球看，发展中经济体的 PPP 与汇率差距较大，发达经济体的 PPP 与汇率差距较小，大部分经济体的 PPP 值小于汇率值，仅部分经济体 PPP 值大于汇率值。资料来源：国家统计局，什么是购买力平价？［EB/OL］，http://www.stats.gov.cn/zs/tjws/tjbk/202301/t20230101_1912952.html。

第五节　指数计算方法

在本书中，计算拟合教育现代化指数（Education Modernization Index，EMI）的主要程序包括三个具体步骤：一是审查每个指标分布中的极端值；二是重新确定数据的尺度，以确保各指标之间的可比性；三是在可持续发展目标内部和之间汇总指标。

一、极端值

极端值会歪曲综合指数的结果，为了消除极端值的影响，把与前后一年相比存在明显不符合常规（急剧增大或减小）的变化值进行删除，并使用该年份前后一年邻近点的值作为替代（本研究中出现极端增大值的情况一共有 4 处）。

二、归一化

对本书遴选的 51 个国家的 29 个最基础一级量化指标或监测点的原始值分别进行无量纲归一化处理。无量纲化是为了消除多指标综合评价中，计量单位上的差异和指标数值的数量级、相对数形式的差别，旨在解决指标的可综合性问题。

为避免最基础一级指标或监测点之间的量纲影响，增强指标或监测点之间综合运算的有效性，借鉴联合国开发计划署（UNDP）发布的人类发展指数（HDI）和世界知识产权组织（WIPO）发布的全球创新指数（GII）等权威指数计算方法，使用极大极小值法对各指标或监测点在 2020 年的观察值进行归一化处理。在确定每个指标或监测点的上下限阈值之后，利用公式 3-1 将指标变量值线性转化为 ［0，1］ 的尺度范围。

$$I'_{ij} = \frac{X_{ij} - \min X_i}{\max X_i - \min X_i} \qquad （公式 3-1）$$

$$I_{ij} = \sum_{i=1}^{n} W_{ik} I'_{ij} \qquad （公式 3-2）$$

其中，i 表示测度指标点，j 表示不同的国家，X_{ij} 和 I_{ij} 分别表示原始值和归一化后的指数值，I'_{ij} 表示最基础一级指标或监测点的归一化指数值，$\max X_i$ 和 $\min X_i$ 分别表示测度指标点的最大值和最小值，W_{ik} 为监测点 i 的权重（$k=1\sim5$）。

需要特别说明的是，关于最大值和最小值（即上下阈值）的设定方法，如全球创新指数（GII）更关注各个国家的创新指数在连续年度上的排名变化，在使用极大极小值法对原始数值进行归一化处理时，全球创新指数把不同指标或监测点观察值中的最大值和最小值设定为对应指标或监测点的上下阈值。与全球创新指数不同，人类发展指数（HDI）在应用极大极小值方法对原始值进行归一化处理时，根据"未来预期值"和（修正后的）"自然 0 值"对极大值和极小值进行了界定，比如预期寿命的最小值（下限阈值）和最大值（上限阈值）分别设定为 20 年和 85 年。通常而言，除了指数排名在连续年度上可比，通过设定上下限阈值的极大极小值法对指标或监测点原始观察值进行归一化处理的指数值在连续年度上也具有了可比性。本书借鉴联合国开发计划署的人类发展指数计算方法，综合考虑了以下因素：①各指标或监测点 2020 年原始观察值的最大值和最小值，②"教育 2030 行动框架"确定的目标值，③其他国际协定、宣言或承诺中提出的目标水平，以及④《中国教育现代化 2035》、国民经济和社会发展"十四五"规划、"十四五"教育规划设定的目标值，并结合专家的意见建议，最终确定了各个最基础一级指标或监测点的上下限阈值（详见附件 5 ）。

本书构建的指标体系中包含正效指标和逆向指标（负效指标）。正效指标是指该项指标或监测点其值越大，效用值越高。如国家财政性教育经费占国内生产总值比例、劳动年龄人口平均受教育年限、各级教育毛入学率等。逆向指标是指该指标或监测点其值越大，则效用越低。如生师比（生师比 = 某一级教育在校生总数 / 该级教育专任教师总数），该指标可用于反映教师数量充足程度，经常用作教育质量的替代指标。生师比越高，表明每位教师平均所教的学生越多，相反，生师比越小，表明平均每位教师所教的学生越少，老师有更多的精力去关注每一个学生，有助于取得更好的教育效果；但指标值过低也意味着存在一定的资源浪费。本书对此类逆向指标的处理采用如下方法：

$$X'_{ij} = \frac{\max X_i - X_{ij}}{\max X_i - \min X_i} \qquad （公式 3-3）$$

其中，X'_{ij} 表示反向化处理后参与计算的指标值，X_{ij} 表示逆向指标的值。

此外，为了增加不同国家之间的数据可比性，在指数构建和拟合过程中，主要使用相对占比代替绝对数字，但在有关生均教育支出、教师收入等部分指标或监测点使用了对数处理的方法以缩小变量尺度（见公式 3-4）。

$$X'_{ij} = \ln X_{ij} \qquad （公式 3-4）$$

三、权重

为了得出一个综合的指标指数，需要对各组成部分进行加权和汇总。单个指标的不同权重会对各国在指标指数中的表现和相对排名产生重要影响。通常而言，设计权重的 4 个主要方法包括：

一是同等权重（EW），所有的同级指标具有相同的权重。

二是数学权重，从主成分分析（PCA）中得出的数学权重通常用于为相互关联并衡量共同基本因素的单个变量分配权重。虽然一般来说，大多数可持续发展目标衡量的是一套广泛互补的政策（如 SDG4.1.2，SDG4.3.2，SDG4.6.2），但也有明显的例外（如 SDG4.1.7，SDG4.2.5，SDG4.5.3），这使得所有目标在数学上设置变量权重的方法不一致。如果指标之间不存在相关性，就不能用主成分分析（PCA）或因子分析（FA）估计权重。教育可持续发展目标内的异质性水平使我们清楚地看到，以数学方式分配权重需要进一步将 SDG4 目标的内容概念化。加之观察结果的数量有限（n=51），因此放弃了从主成分分析和因子负荷中得出的数学权重。

三是专家权重，联合国教科文组织早期关于可持续发展目标指数草案的多轮专家咨询结果表明，在给某些可持续发展目标或特定指标分配更高的权重方面没有达成共识。即对包括可持续发展目标 4 在内的 2030 可持续发展目标或特定指标的"权重问题"没有普遍同意的方案。

四是主观或灵活权重。一些综合指数（如经合组织的"美好生活指数"，BLI）允许不同访问者根据自己的偏好选择对指数各组成部分的权重。这种灵活的加权方法适合于福祉（wellbeing）测量，因为每个访问者个体对"美好生活"的含义有不同的直接和主观的体验。相比之下，可持续发展目标涵盖了广泛的政策挑战，很少有个人或机构能全面掌控这些挑战。此外，如果允许使用灵活权重的话，可能会变相鼓励各国"挑选"更容易实现的可持续发展目标，而将同样重要的、需要更深入变革的目标搁置一边。故此，联合国教科文组织认为主观和灵活的权重不太适合用于可持续发展目标指数。

综上，结合经合组织和联合国对可持续发展指标权重赋值的方法，本书在指标层面采用同等权重（Equal Weighting，EW）。但是需要特别说明的是，同等权重并不意味着"没有权重"。考虑到不同指标所包含的次级监测点数量不均等，因此引入了所谓的"隐性加权"，如 SDG4.1（公平优质教育）下的 8 个指标的单个权重相对小于用于衡量 SDG1.a.2（财政投入）的单一指标。换言之，SDG4.1 所包括的 8 个指标的每个权重为 SDG1.a.2 单一指标权重的 1/8；同时，在 SDG4.1.3（最后一学年毛在学率）中包含 2 个次级监测点，这就意味着，SDG4.1.3 下的 2 个次级监测点的每个权重为 SDG1.a.2 权重的 1/16。因此意味着有限的隐性加权。

隐性加权计算是分层逐级进行的，[①] 以图 3-3 为例说明：a、b、c、d…分别表示指标分层；$f(a)$，$f(b)$，$f(c)$，$f(d)$…分别表示其权重；$x(a, i)$，$x(b, i)$…分别表示分层分国家的指标 / 监测点指数值，则计算时从右向左进行。

如计算 c_i 的指数值。设 $x(c_i, i)$ 是区域 i 在 c_i 指标下的综合指数值；$x(d_i, i)$ 是区域 i 在 d_i 指标下的监测点指数值。那么，

$$x(c_1, i) = x(d_1, i) f(d_1) + x(d_2, i) f(d_2) + x(d_3, i) f(d_3) + \cdots$$

其中，$f(d_1) = f(d_2) = f(d_3) = f(d_n) = \dfrac{1}{n_d} f(c)$

以此类推，求出 $x(c_2, i)$，$x(c_3, i)$…

进一步求出 $x(b_i, i)$：

$$x(b_1, i) = x(c_1, i) f(c_1) + x(c_2, i) f(c_2) + x(c_3, i) f(c_3) + \cdots$$

其中，$f(c_1) = f(c_2) = f(c_3) = f(c_n) = \dfrac{1}{n_c} f(b)$

以此类推，求出 $x(b_2, i)$，$x(b_3, i)$…

再进一步求出 $x(a, i)$：

$$x(a, i) = x(b_1, i) f(b_1) + x(b_2, i) f(b_2) + x(b_3, i) f(b_3) + \cdots$$

其中，$f(b_1) = f(b_2) = f(b_3) = f(b_n) = \dfrac{1}{n_b} f(a)$

当 $i = 1, 2, 3, \cdots, n$，分别求出 n 个国家的各层次各项指标 / 监测点的指数值。

[①] 中国科技发展战略研究小组：《中国区域创新能力评价报告 2022》，科学技术文献出版社 2022 年版，第 44—45 页。

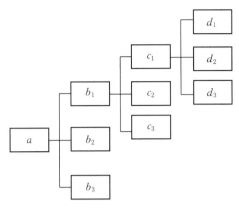

图 3-3 隐性加权结构示意

四、指数拟合模型

对指标层面指数的汇总拟合工作分两步进行。首先，在对各个指标指数进行汇总之前，对每个指标的次级监测点进行合并（公式 3-2）。这种方法允许以后为某个特定的指标增加新的变量或次级监测点，而不影响每个指标在总分中的相对权重。如上文所述，指数模型构成及其计算方法主要经过标准化和合成归一化两个步骤。本研究中把指标层面的权重视为等权（EW），教育现代化指数（EMI）拟合计算方法见公式 3-5。

$$EMI_j = \frac{1}{N} \sum_{i=1}^{n} I_{ij} \qquad （公式 3-5）$$

本书以选定的国家为分析对象，在研究构建具有中国特色且国际实质等效可比的指标体系框架下，采用个体指数和综合指数构建方法，对我国教育现代化国际方位进行直观和便于理解的量化分析，研判我国教育现代化在国际坐标体系中的方位。在采用拟合综合指数的方法之后，遵循多维分析的原则，以本研究构建的具有中国特色且具有国际实质等效可比的指标体系为参照，从对照标杆的角度，借鉴"行业标杆"（industrial benchmarking）研究进路，以高收入、中高收入国家，以及经合组织、欧盟等发达国家或地区在相关指标上的表现为对照标杆，系统分析 2011—2020 年十年间我国（国家层面和重大战略区域）教育现代化的国际方位变化与发展趋势。随后，从纵向发展的角度和我国对 2030 年可持续发展教育目标承诺兑现的视角，梳理近年来尤其是 2016—2020 年间我国教育现代化改革发展进程，以及 2030 年可持续发展教育目标承诺的兑现情况。最后，通过以上分析，综合研判我国教育现代化在国际比较中呈现的优势和成就，以及存在的短板和弱项，进而明晰中国式教育现代化的特色，以及未来进一步改革发展的策略，为完善全球教育治理贡献中国智慧和力量。

第四章

指数拟合视角下，中国式教育现代化成就与方位

教育现代化指数是直观衡量我国以及本书中所选定国家教育现代化相对发展水平的实用工具。在参考国内外主流方法的基础上，本书以国际最新可获得年份（2020年）的数据表现为依据，通过构建教育现代化指数运算模型，对指标体系中具有国际实质等效可比的量化指标的相关数据信息进行了深入分析，获得针对中国式教育现代化发展所处坐标维度及国际方位的指数拟合结果。教育现代化指数旨在从国家层面表征中国教育现代化发展水平在选定国家的横向比较中所处的世界相对位次，并通过综合比较和分析，进一步研判中国式教育现代化的相对优势和成就、存在的短板与不足，以及未来改革发展趋势与进路。

第一节　中国教育现代化指数相对水平及影响因素

在本书选定的51个国家中中国处于前1/3较为领先的位次，与加拿大、法国的教育现代化发展水平基本相当。从教育现代化指数15个主要构成方面来看，中国教育现代化指数构面中反映义务教育普及水平、中小学教师专业发展和人力资源开发水平方面的得分均明显高于中国教育现代化的指数总得分，而在反映教育经费支出与保障水平，以及

教育国际影响力等方面的现代化水平得分则均小于中国教育现代化指数的总得分。

一、中国教育现代化指数相对水平

教育现代化指数由指标体系中具有权威统计数据信息支撑的 29 个具有国际实质等效可比的量化指标组成，涉及教育现代化的各关键环节和主要领域。由于国际数据具有 2—3 年的滞后性，为保证绝大多数指标数据的可获得性，国际数据以最新可获得年份（2020 年）的数据表现为主要依据，同时，为保持国内与国际数据年份的一致性，有关我国教育现代化指标的数据也为 2020 年的国家统计数据。由此，拟合获得的教育现代化指数可以比较客观准确地反映中国教育现代化在全球坐标中的相对水平。需要说明的是，排名的差异可能是由于指数的微小差异造成的。

根据指数得分来看，2020 年我国教育现代化指数为 0.738，在本研究选定的 51 个国家中排在第 17 位，处于前 1/3 的位次。美国以 0.818 的教育现代化指数得分排名第一位。从教育现代化指数来看，我国与加拿大、法国的教育现代化发展水平相当，但略低于加拿大（见图 4-1）。

二、中国教育现代化指数的主要影响因素

2020 年，在中国教育现代化指数 15 个方面的主要构成和影响因素中，反映义务教育普及水平等内容的"义务教育毛入学率""最后一学年毛在学率"，"高校毕业生中 STEM（科学技术工程数学）专业毕业生占比"，以及反映人力资源开发水平之一的"青年/成人识字率"和中小学教师专业发展情况的"小学和初中教师接受在职培训的比例"等

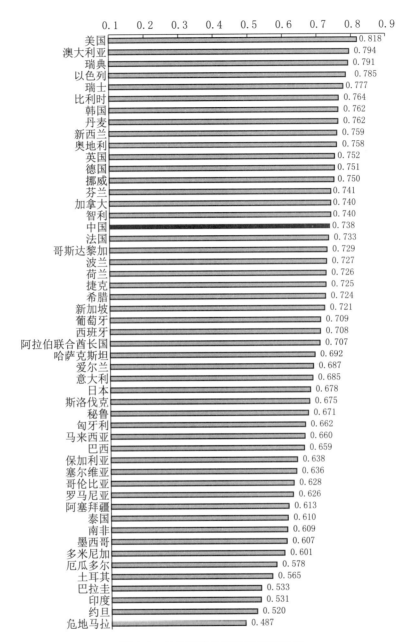

图 4-1　教育现代化指数及国际排名

作出的贡献最大；其次是反映公共教育服务水平内容的"幼儿园毛入园率"，以及另外两个与人力资源开发水平紧密相关的"高中教育完成率""劳动年龄人口平均受教育年限"。以上几个方面的得分(贡献)均大于中国教育现代化的指数总得分,成为突出体现中国式教育现代化水平和特色的主要领域和环节。

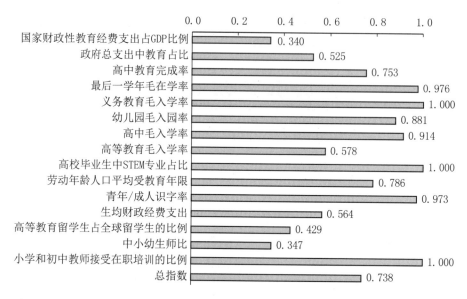

指标	指数
国家财政性教育经费支出占GDP比例	0.340
政府总支出中教育占比	0.525
高中教育完成率	0.753
最后一学年毛在学率	0.976
义务教育毛入学率	1.000
幼儿园毛入园率	0.881
高中毛入学率	0.914
高等教育毛入学率	0.578
高校毕业生中STEM专业占比	1.000
劳动年龄人口平均受教育年限	0.786
青年/成人识字率	0.973
生均财政经费支出	0.564
高等教育留学生占全球留学生的比例	0.429
中小幼生师比	0.347
小学和初中教师接受在职培训的比例	1.000
总指数	0.738

备注:

1. 最后一学年毛在学率指数为"小学五年保留率"和"九年义务教育巩固率"两个次级指数的拟合而得;2. 义务教育毛入学率指数为"小学教育阶段毛入学率"和"初中教育阶段毛入学率"两个次级指数的拟合而得;3. 生均财政经费支出指数为大中(初中、高中)小幼生均财政经费支出五个次级指数的拟合而得;4. 中小幼生师比为高中、初中、小学和幼儿园生师比四个次级指数拟合而得。

图4-2 中国教育现代化分项指标指数

然而,在反映教育经费支出与保障水平方面的"国家财政性教育经费支出占GDP比例""政府总支出中教育占比"(中小幼)生均财政经费支出"、反映师资队伍建设规模水平的"中小幼生师比",以及反映教育国际影响力的"高等教育留学生占全球留学生的比例",以及反映高等教育普及程度的"高等教育毛入学率"等方面的现代化水平得分(贡献）则均小于中国教育现代化指数的总得分，成为中国式教育现代化补短板、强弱项、提能力的重要突破点和努力方向，特别是主要反映教育经费支出与保障水平和师资队伍建设等方面的指标，需要在推进中国式教育现代化高质量发展进程中给予重点关注。从提高教育资源投入水平与配置效率、加强教师队伍建设，以及主要反映留学生培养能力和国际交流合作水平等内容的"教育影响力"等方面，应加大工作力度，切实提升改革发展成效。

第二节　中国教育现代化指数的国际比较

如上文所述，2020 年我国教育现代化指数为 0.738，在本书选定的 51 个国家中排在第 17 位，处于前 1/3 的位次。低于美国、澳大利亚、韩国、英国、德国、加拿大等发达国家，但高于法国、新加坡、日本等发达国家，远高于巴西、印度等世界人口大国，反映了中国教育现代化发展在世界较为领先的位次。

一、见贤思齐：与领先国家相比查不足

2020 年，在本书选定的国家中，美国的教育现代化指数为 0.818，处于全球第一位。此外，澳大利亚、韩国、英国、德国、芬兰和加拿大的教育现代化指数分别为 0.794、0.762、0.752、0.751、0.741 和 0.740，处于全球前列，在全球教育现代化发展中具有明显的领先优势。从具体指标的指数得分来看，相比我国而言，教育现代化指数排名前 16 位的国家（以下简称"领先国家"），其教育现代化指数在如下方面具有明显优势：

（一）领先国家的国家财政性教育经费支出占GDP比例指数具有较为明显优势

从具体指数数据来看，瑞典排名第1位，澳大利亚、美国、芬兰等国家排名前10位，英国、加拿大、韩国等国家排名前15位，排名第16位的德国也明显比我国高。与以上领先国家相比，我国国家财政性教育经费支出占GDP比例指数相对较低（见图4-3）。

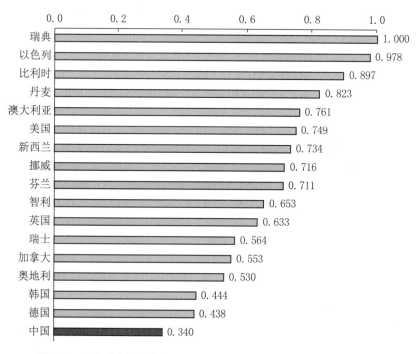

图4-3 国家财政性教育经费支出占GDP比例指数排名（TOP17）

根据联合国《亚的斯亚贝巴行动议程》鼓励各国制定适合本国情况的教育开支目标，下列国际和地区基准是至关重要的参照点：一是将至少4%到6%的GDP拨给教育；二是将至少15%到20%的公共开支拨给教育。尽管近十年来，我国国家财政性教育经费支出占GDP比例均在 4% 以上，符合国际倡议，但也仅是刚刚达到国际标准，与发达国家相比还有不少的差距。从本书选定的 51 个国家的国家财政性教育经费支出占 GDP 比例具体数据来看，2020 年，新加坡、日本等 12 个国家均未达到 4%；我国为 4.22%，在 51 个国家中排名第 37 位，不及澳大利亚（6.10%）、美国（6.05%）、芬兰（5.88%）、英国（5.53%）、法国（5.50%）、德国（4.66%）、韩国（4.68%），甚至不及中低收入国家的印度（4.47%）（见图 4-4）。

（二）领先国家的高中教育完成率和高等教育毛入学率具有较大优势

从高中教育完成率指数来看，韩国排名第 1 位，美国、加拿大、芬兰、澳大利亚等国家排名前 10 位，英国、德国排名前 15 位，排名第 16 位的丹麦高中教育完成率指数也比较明显地高于我国（见图 4-5）。

从高等教育毛入学率指数来看，澳大利亚、韩国高等教育毛入学率指数排名并列第 1 位，芬兰、美国等国家排名前 10 位，加拿大、德国、英国排名前 15 位。与以上国家相比，我国高等教育毛入学率指数相对偏低，甚至与排名第 15 位的以色列相比也存在一定的差距（见图 4-6）。

（三）领先国家在人力资源开发方面具有明显的相对优势

劳动年龄人口平均受教育年限是指一定年龄阶段人口平均接受学历教育（含成人学历教育、不含非学历培训）的年数。该指标能够客观反映劳动者素质，是人力资源开发水平的核心指标之一。从具体指数数据来看，德国排名第 1 位，美国、英国等国家排名前 5 位，芬兰、澳大利亚、韩国等国家排名前 15 位。值得注意的是，以上国家该指数均

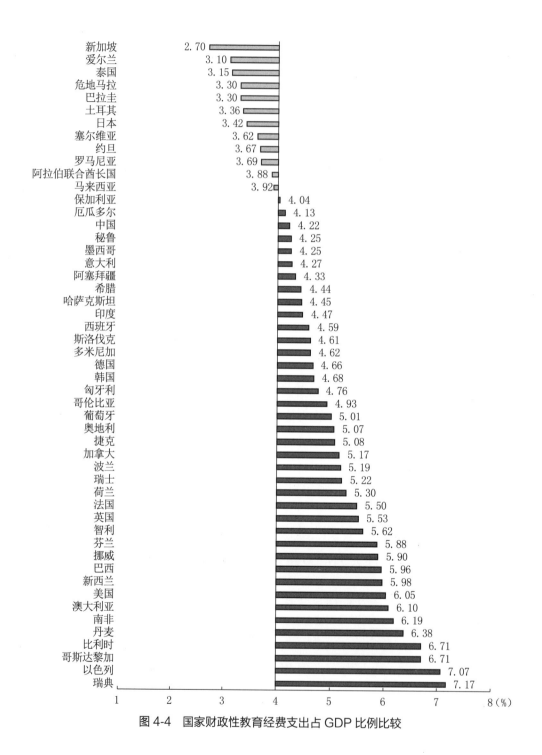

图 4-4　国家财政性教育经费支出占 GDP 比例比较

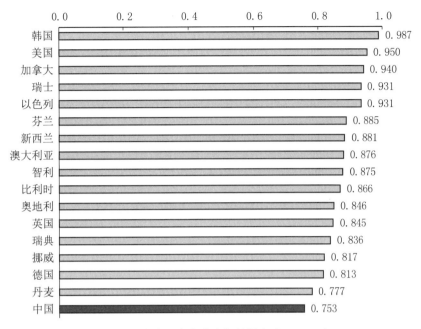

图 4-5　高中教育完成率指数排名（TOP17）

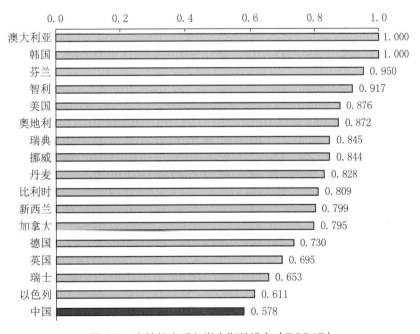

图 4-6　高等教育毛入学率指数排名（TOP17）

高于 0.9，而我国仅为 0.786；此外，我国劳动年龄人口平均受教育年限指数与同属东亚国家的韩国相比也存在不可忽视的差距（见图4-7）。

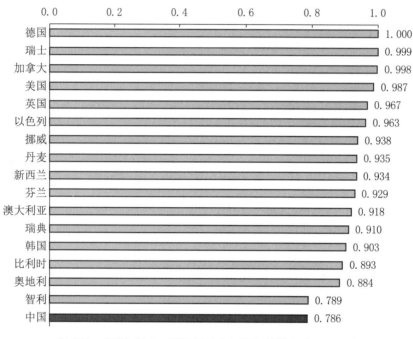

图4-7　劳动年龄人口平均受教育年限指数排名（TOP17）

（四）领先国家生均财政经费支出指数的相对优势也较为明显

从具体指数数据来看，瑞士排名第1位，排名前5的国家中除了丹麦等人口规模较小的北欧国家，美国也位列其中。芬兰、德国、加拿大等发达国家排名前10位；英国、澳大利亚、韩国等国家排名前15位。从指数表现来看，我国生均财政经费支出指数与以上国家相比存在一定程度的差距（见图4-8）。

（五）领先国家尤其是欧洲国家生师比指数具有较为明显的优势

生师比是指某学年内某级教育中每位专任教师平均所教的学生数，

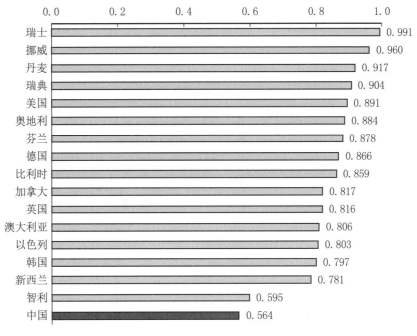

图 4-8　生均财政经费支出指数排名（TOP17）

　　该指标反映了教师数量充足程度。中小幼生师比指数是经过逆向处理后的指数，指数越大表明生师比越低。从具体指数数据来看，瑞士等北欧国家的生师比指数相对较高，表明北欧等国家中小幼教育阶段的生师比较低。德国、丹麦、芬兰等国家生师比指数排名前 10 位，加拿大是生师比指数排名前 10 位中唯一一个非欧洲国家。尽管澳大利亚、韩国和美国生师比指数均高于中国，但中国生师比指数与其差距相对较小，而与德国、芬兰等国家的生师比指数差距较为明显。此外，从数据表现来看，我国生师比指数高于英国在该指标指数的数据表现（见图 4-9）。

　　在此需要特别提及的是，韩国教育现代化指数为 0.762（排名第 7

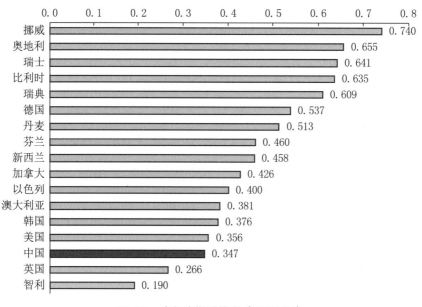

图 4-9　生师比指数排名（TOP17）

位）。在教育现代化指数的全球排名中，韩国是唯一一个进入前 10 的亚洲国家。与韩国相比，我国教育现代化指数差距较为明显。从具体指数表现来看，韩国在"国家财政性教育经费支出占 GDP 比例""高中教育完成率""幼儿园毛入园率""高中毛入学率""高等教育毛入学率""劳动年龄人口平均受教育年限""生均财政经费支出"等指标指数上，与我国相比均具有一定程度的领先优势（见图 4-10）。

　　尽管从指数表现的角度来看，在以上指标上我国与领先国家相比还存在一定程度的差距，但在全球教育现代化指数排名前 17 位中，我国在"政府总支出中教育占比""义务教育巩固率""高等教育留学生占全球留学生的比例""小学和初中教师接受在职培训的比例"等指标的指数方面，具有程度不一的相对比较优势。然而，需要指出的是，我国中

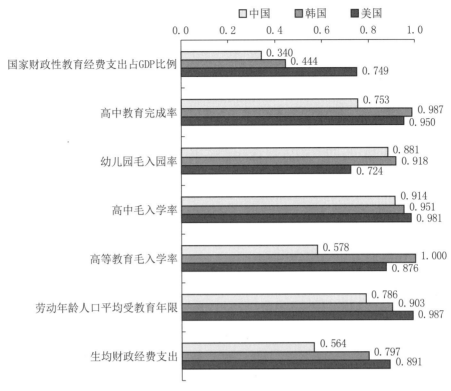

图 4-10　我国与韩、美在主要指标指数的差距对比

小学教师全员接受在职培训的优势是源于我国现行的教师资格制度所造就的。根据我国现行教师资格制度，申请成为教师者需要学历合格、通过国家教师资格考试，具备一定教育教学能力，经认定合格的，方可取得中小学教师资格证。当前，我国所有中小学教师均具备教师资格证。同时，中小学教师资格实行每 5 年一周期的定期注册制，并要求每个注册有效期内完成不少于 360 个培训学时。因此，与世界上其他国家相比，我国具有"中小学教师在过去 12 个月接受过在职培训的比例达到 100%"的政策和制度优势。

二、戒骄戒躁：与后进国家相比看"追兵"

与领先国家教育现代化指数的对比分析，明晰了我国教育现代化在全球坐标中的相对短板和弱项，为未来我国建成教育强国找出了重要着力点和前进方向。同时，需要清醒认识到的是，尽管从教育现代化综合指数来看，我国排名第17位，但在具体指标指数的排名上，仍存在个别具体单项指数在51个国家中排名靠后甚至处于倒数位次的情况。因此，在国际比较中尤其是与教育现代化指数排名相对我国而言较为靠后的国家进行比较分析，能够有效总结和巩固我国教育现代化的相对优势的同时，还能够更好地从较为多维的角度明晰我国教育现代化存在的不足和弱项。

（一）在国家财政性教育经费支出占 GDP 比例指数表现上，我国与排名靠后国家相比的优势并不明显

在国家财政性教育经费支出占 GDP 比例指数数据表现上，与在教育现代化指数排名后 34 位的国家相比，我国处于第 21 位，属于中等偏后的位次，在该指标指数的表现上低于南非、巴西、法国、印度等国家，但高于日本、新加坡等国家（见图 4-11）。

（二）在政府总支出中教育占比指数表现上，我国与排名靠后国家相比具有一定的相对优势

在政府总支出中教育占比指数数据表现上，与在教育现代化指数排名后 34 位的国家相比，我国处于第 12 位，低于南非、印度、巴西、马来西亚等国家，但明显高于新加坡、法国、日本等国家（见图 4-12）。

统计数据显示，2020 年，我国全国一般公共预算教育支出占比为

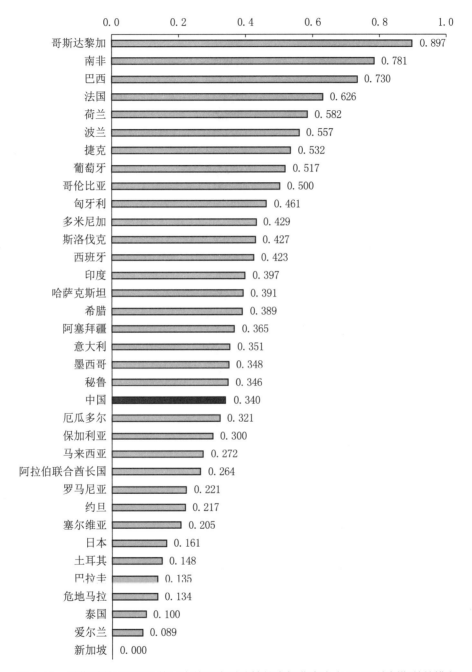

图 4-11　总指数处于后 35 位国家的国家财政性教育经费支出占 GDP 比例指数的排名

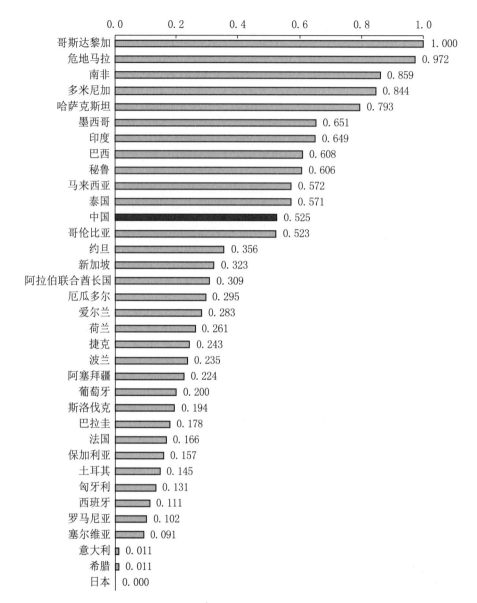

图 4-12　总指数处于后 35 位国家的政府总支出中教育占比指数的排名

14.78%。这一比例在本研究选定的 51 个国家中位列第 14 位，处于相对领先的位次。近年来，我国教育支出占全国一般公共预算支出比例保持在 15% 左右。但若根据联合国《亚的斯亚贝巴行动议程》中"将至少

15%到20%的公共开支拨给教育"的重要倡议和参考点来看，2020年我国一般公共预算中教育支出占比并没有达到国际倡议的比例区间。然而，我国并非少数特例，从国际数据来看，在本研究所选定的51个国家中，仅有以色列、印度、巴西等13个国家的公共预算中教育支出占比达到或超过国际倡议的比例区间。包括日本、德国、法国、芬兰、英国、新加坡、美国、加拿大、韩国、澳大利亚和我国在内的剩余38个国家的一般公共预算中教育支出占比均未能达到15%—20%的国际倡议比例区间（见图4-13）。

（三）与排名靠后国家的高中教育完成率等指数相比，我国仍处于后进位次

在高中教育完成率指数数据表现上，与在教育现代化指数排名后34位的国家相比，我国处于第20位，低于日本、新加坡和法国等发达国家，但高于巴西、南非和印度等国家（见图4-14）。

与高中教育完成率指数的排名情形略有不同的是，在幼儿园毛入学率指数排名上，与在教育现代化指数排名后34位的国家相比，我国处于第14位，属于中等偏高位次，低于法国、新加坡等国家，但领先于日本、巴西、印度和南非等国家。

（四）与排名靠后国家相比，我国在义务教育毛入学率和最后一学年毛在学率等指数排名上处于较为领先的位次

在义务教育毛入学率指数数据表现上，与在教育现代化指数排名后34位的国家相比，我国尚具优势；在最后一学年毛在学率指数排名上处

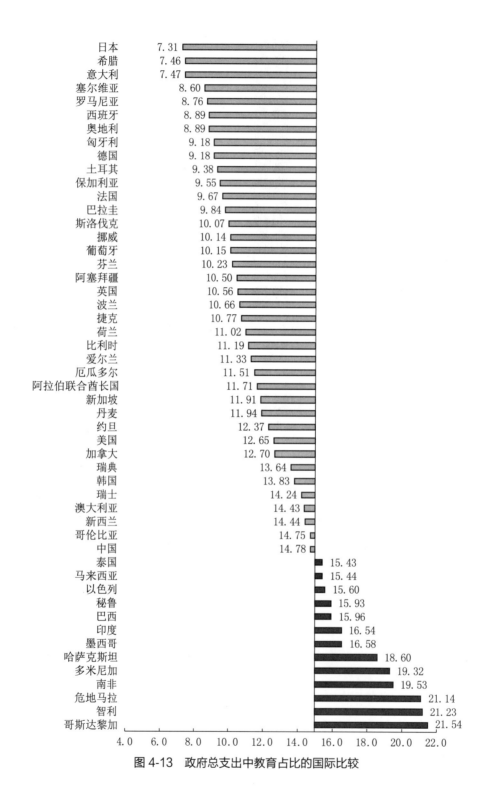

图 4-13　政府总支出中教育占比的国际比较

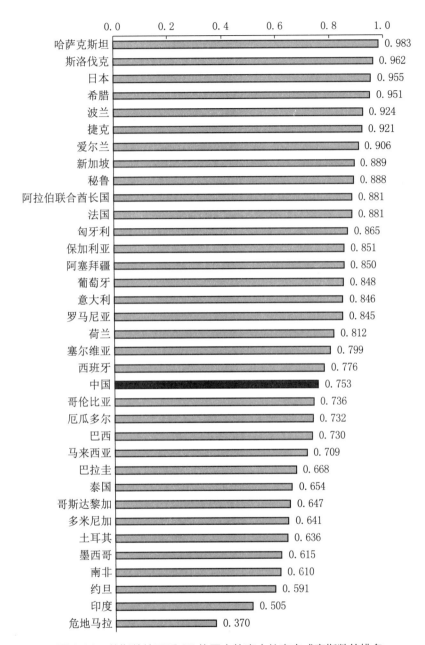

图 4-14　总指数处于后 35 位国家的高中教育完成率指数的排名

于中上位次的第 9 位。在以上两个指标指数排名上我国均处于较为明显的领先位次。但需要提及的是，在义务教育毛入学率指数上，教育现代化指数排名后 34 位的国家中，有 12 个国家与我国并列第一，且另有 6 个国家的义务教育毛入学率指数在 0.99 以上。由此而言，与教育现代化指数排名相对我国而言位于靠后位次的国家相比，我国在义务教育毛入学率指数上的得分虽然具有领先优势，但这一优势并不是十分明显（见图 4-15）。

此外，我国在最后一学年毛在学率指数排名上处于中上的第 9 位，在包括我国在内的 35 个国家中处于中上位次，低于新加坡、法国和日本，但高于巴西、印度和南非。与义务教育毛入学率指数差异性相似，与排名位于我国之后的国家相比，我国最后一学年毛在学率指数与紧随其后的 5 个国家的得分十分接近，领先优势并不十分突出（见图 4-16）。

（五）与排名靠后国家相比，我国在高校毕业生中 STEM 专业占比、高等教育留学生占全球留学生的比例等指数排名上处于明显领先位次

STEM 是科学（Science）、技术（Technology）、工程（Engineering）、数学（Mathematics）英文首字母的缩略语，最早是由美国国家科学基金会提出。目前 STEM 教育尚未有公认的定义，每个国家或组织的理解不尽相同。近年来，随着 STEM 教育的快速发展，STEM 概念内涵或者说学科范畴有了很多不同的扩展，主要包括 STM（科学，技术和数学；或科学，技术和医学）、STEAM（科学，技术，工程，艺术和数学）、STREM（科学，技术，阅读，工程和数学）等。21 世纪以来，以美国、英国、德国为代表的主要发达国家，都从国家战略高度制定了

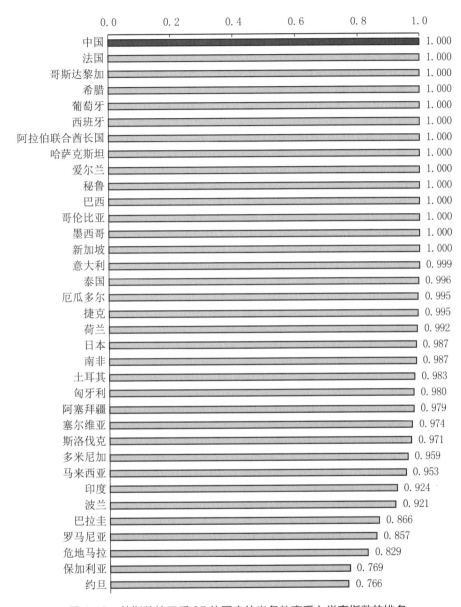

图 4-15 总指数处于后 35 位国家的义务教育毛入学率指数的排名

STEM 教育的政策与措施。如美国国会通过了《国家竞争力法》，提出
应加强 STEM 教育投入，随后制定了《K-12 科学教育框架》《新一代科
学教育标准》和《2018—2023 年 STEM 教育战略规划》，推动 STEM 教

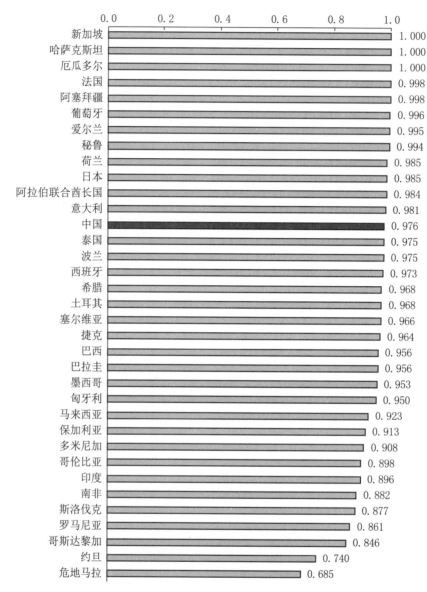

图 4-16　总指数处于后 35 位国家的最后一学年毛在学率指数的排名

育全面展开；① 英国政府颁布了"科学与创新投资框架"，首次在政府文

① 朱珂、冯冬雪、杨冰、苏林猛：《STEM 教育战略规划的指标设计及评价策略——基于美国北卡罗来纳州 STEM 教育战略规划的启示》，《远程教育杂志》2017 年第 5 期。

件中引入 STEM，确立了国家级 STEM 示范活动，并启动了国家科学技术大赛和高等教育 STEM 计划；德国为助力"工业 4.0"，搭建了 STEM 教育战略框架，将促进 STEM 人才培养写入国家发展战略；芬兰推出了以"LUMA（数学和科学教育）项目"为代表的全国性 STEM 教育促进项目。[①] 此外，STEM 教育在以色列、日本、澳大利亚、韩国等国家同样受到高度重视，各国都在针对各自技能劳动力结构和产业发展中的相关问题，从国家人才战略层面制定 STEM 教育发展政策，在学前教育、基础教育、高等教育和职业技术教育中，广泛开展促进 STEM 教育和人才培养的项目计划。

在高校毕业生中 STEM 专业占比指数数据表现上，与在教育现代化指数排名后 34 位的国家相比，我国具有明显的领先优势。从排名来看，我国在该指标指数的表现上领先于新加坡、印度，远远领先于法国、日本、巴西和南非等国家（见图 4-17）。

需要特别提及的是，在当前我国人口红利逐渐消失和创新驱动战略发展的双重背景下，经济社会对技术技能人才数量和质量的需求日益增强，主要依靠资源要素投入、规模扩张的粗放发展模式难以为继，调整结构、转型升级、提质增效刻不容缓。加强 STEM 教育，提高人力资源开发水平，是回应经济社会发展新常态对人才培养诉求的重大改革方向。然而，从总量上看，尽管我国科技人员数量与发达国家大体相当，

---

① 中国教育科学研究院：《中国 STEM 教育白皮书》，中国教育信息化网，https://ict.edu.cn/uploadfile/2018/0507/20180507033914363.pdf，2017 年 6 月 20 日。

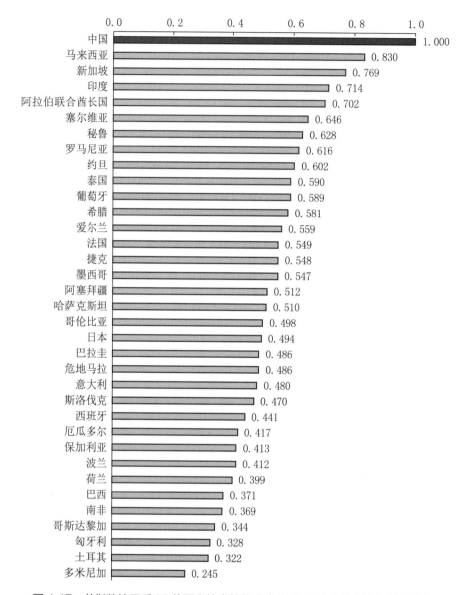

图 4-17　总指数处于后 35 位国家的高校毕业生中 STEM 专业占比指数的排名

但高端人才的数量与发达国家差距巨大，每万人劳动力中科学家和工程师的平均人数仅为 11 人。人力资源和社会保障部发布的数据显示，我国经济社会发展和产业转型迫切需要培养大量的高技术技能人才。

　　根据我国教育部此前公布的统计数据，2016 年来华留学生规模突破 44 万人；2018 年共有来自 196 个国家和地区的 492185 名各类外国留学人员在全国 1004 所高等院校学习，比 2017 年增长 0.62%（数据均不含港、澳、台地区）。目前我国已成为亚洲最大留学目的国、全球第三大留学目的地国。[①] 同时，中国出国留学人数依然增长，中国仍然是最大的留学生来源国，有接近 100 余万学生在境外高等教育机构就读，前五大留学目的国为美国、澳大利亚、英国、加拿大和日本。报告显示，最近几个学年，中国赴美国、加拿大、法国、德国、澳大利亚的留学生以攻读 STEM 专业和商科、社会科学为主。[②]

表 4-1　我国留学生在美国等西方国家留学的主要专业

国　家	学　年	中国留学生赴该国留学的主要专业占比
美国	2020—2021	数学与计算机科学（22.2%）、工程学（17.5%）、工商管理（16.6%）、社会科学（9.6%）、物理和生命科学（9.1%）
加拿大	2019—2020	工商管理（27.3%）、数学、计算机与信息科学（16.9%）、社会与行为科学（14.0%）、工程与工程技术（12.5%）、科学与科技（10.7%）
法国	2018—2019	人文学与语言学（39.6%）、自然科学与运动研究（32.4%）、经济与社会科学（24.7%）、法律与政治学（2.2%）、医学及相关专业（1.1%）
德国	2019—2020	工程学（41%）、商科（14%）、自然科学（9%）、数学（8%）、艺术（7%）
澳大利亚	2020—2021	管理和贸易（41.8%）、信息技术（11.4%）、社会与文化（11.0%）、工程技术（9.6%）、创意艺术（6.9%）、自然和物理科学（6.4%）

资料来源：《中国留学发展报告（2022）》[EB/OL]，http://www.ccg.org.cn/archives/71836。

[①]　程天君：《教育现代化的中国道路：历程、特征与战略方向》,《人民教育》2022 年第 22 期。

[②]　王辉耀、苗绿、郑金连：《中国留学发展报告（2022）》，全球化智库 http://www.ccg.org.cn/archives/71836，2022 年 9 月。

在高等教育留学生占全球留学生的比例指数数据表现上，与在教育现代化指数排名后34位的国家相比，我国具有明显的领先优势。从排名来看，我国在该指标指数的表现上领先于法国、日本、新加坡，远远领先于巴西、南非和印度等国家（见图4-18）。

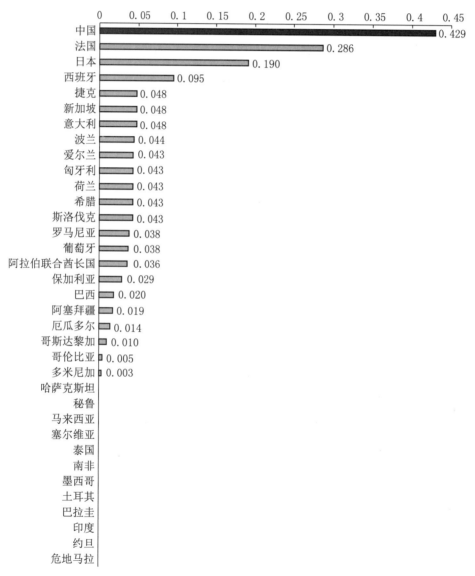

图 4-18　总指数处于后 35 位国家的高等教育留学生占全球留学生的比例指数的排名

需要清醒认识到的是，尽管近年来，来华留学生生源国家和地区总数创历史新高，来华留学规模持续增长，生源层次显著提升，"一带一路"沿线国家学生数量增长明显，但来华留学生生源地大国主要以亚太邻国为主，如韩国、泰国、巴基斯坦、印度、俄罗斯、印度尼西亚、哈萨克斯坦、日本和越南等。同时，来华学习汉语的人数占总人数的比例虽然有所降低，打破了以汉语学习为主的格局，学科分布更加合理，但人文、艺术等领域的留学生占比仍较多。

（六）与排名靠后国家相比，我国在小学和初中教师接受职业培训的比例指数排名上处于绝对领先位次

在小学和初中教师接受职业培训的比例指数数据表现上，与在教育现代化指数排名后 34 位的国家相比，我国具明显的领先优势，造成这一优势的政策和制度因素已在前文进行了说明。从排名来看，我国在该指标指数的表现上领先于新加坡、南非等国家，远远领先于巴西、法国、印度和日本等国家（见图 4-19）。

此外，值得注意的是，与教育现代化指数排名相对我国而言位于靠后位次的国家相比，我国在"高中毛入学率""高等教育毛入学率""劳动年龄人口平均受教育年限""青年 / 成人识字率""生均财政经费支出""中小幼生师比"等指标指数上的数据表现处于中后位次，甚至相对靠后的排名位次。

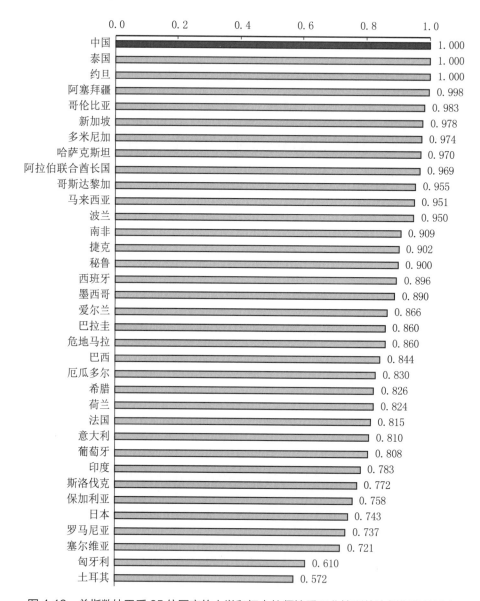

图 4-19　总指数处于后 35 位国家的小学和初中教师接受职业培训的比例指数的排名

表 4-2　我国教育现代化指数及国际排名

序　号	指　　标	指　数	排　名
1	国家财政性教育经费支出占 GDP 比例	0.340	37
2	政府总支出中教育占比	0.525	14
3	高中教育完成率	0.753	19
4	最后一学年毛在学率	0.976	13
5	义务教育毛入学率	1.000	1
6	幼儿园毛入园率	0.881	18
7	高中毛入学率	0.914	9
8	高等教育毛入学率	0.578	28
9	高校毕业生中 STEM 专业占比	1.000	1
10	劳动年龄人口平均受教育年限	0.786	29
11	青年 / 成人识字率	0.973	13
12	生均财政经费支出	0.564	33
13	高等教育留学生数占全球留学生的比例	0.429	3
14	中小幼生师比	0.347	34
15	小学和初中教师接受在职培训的比例	1.000	1
合　　计		0.738	16

备注：排名为在本书选定的 51 个国家中的正向排名位次。

综上分析，在本书选定的 51 个国家中，我国教育现代化指数在"义务教育毛入学率""高校毕业生中 STEM 专业占比""小学和初中教师接受在职培训的比例"三个指标的指数排名均为第 1 位。但需要提及的仍然是，由于 51 个国家中绝大多数的"义务教育毛入学率"指数为接近 1.000 的数据表现，虽然我国在"义务教育毛入学率"指数排名中处于第 1 位的领先位次，但在指数数据表现上与其他国家相比并没有呈现明显的相对领先优势。

除了以上三个指标指数排名处于第 1 位之外，我国"高等教育留学生占全球留学生的比例""高中毛入学率"的指数排名分别处于前 3 名和前 10 名。同时，我国"政府总支出中教育占比""最后一学年毛在学率""青年／成人识字率"等指数排名均处于选定的 51 个国家中的前 1/3 位次。

由以上指数表现和排名来看，我国教育现代化在义务教育普及、中小学教师专业发展、高等教育 STEM 人才培养供给、留学生教育事业发展、高中教育普及和成人扫盲，以及全国一般公共预算教育支出占比等方面，在本研究选定的 51 个国家和地区中处于领先的位次。但与此同时，我国在"国家财政性教育经费支出占 GDP 比例""生均财政经费支出""中小幼生师比""劳动年龄人口平均受教育年限""高等教育毛入学率"等指标的指数和排名上处于相对靠后的位次。这些指标所涉及的教育改革发展工作应该是建设高质量教育体系、建成教育强国的重要着力点和努力方向。

在此需要特别提及的是，"劳动年龄人口平均受教育年限""高等教育毛入学率""青年／成人识字率""最后一学年毛在学率"四个指标指数及排名表现的关系。由于我国义务教育高位普及，九年义务教育巩固率也位于高水平位置，因此我国"青年／成人识字率"指数得分和排名位次较高；但作为人力资源开发水平主要指标的"劳动年龄人口平均受教育年限"指数及排名相对较低。与此同时，我国"高等教育毛入学率"指数表现和排名也处于后进位次，而且巧合的是，"劳动年龄人口平均受教育年限"和"高等教育毛入学率"指数排名十分靠近。这从一个维度可以说明，未来进一步提升我国高等教育毛入学率是提升我国人力资源开发水平的重要途径之一。

第三节　中国教育现代化指数与其他重要指数比较

党的二十大报告强调："教育、科技、人才是全面建设社会主义现代化国家的基础性、战略性支撑。"[1]首次把教育、科技、人才进行统筹安排、一体部署，强调教育、科技、人才"三位一体"协同发展，体现了我们党对社会主义建设规律认识的不断深化，极具战略意义和深远影响。建设社会主义现代化国家，教育是基础，科技是关键，人才是根本。党的二十大强调"深入实施科教兴国战略，人才强国战略，创新驱动发展战略"，"加快建设教育强国、科技强国、人才强国，坚持为党育人、为国育才，全面提高人才自主培养质量，着力造就拔尖创新人才，聚天下英才而用之"。[2]这些重要论断，深刻揭示了新时代实施科教兴国战略、强化现代化建设人才支撑的地位作用。

通过分析各国教育现代化指数分别与全球竞争力指数（WEF）、全球人才竞争力指数（IMD）、全球创新指数（GII）的相关性结果来看，

---

[1] 习近平：《高举中国特色社会主义伟大旗帜　为全面建设社会主义现代化国家而团结奋斗——在中国共产党第二十次全国代表大会上的报告》，《求是》2022年第21期。

[2] 习近平：《高举中国特色社会主义伟大旗帜　为全面建设社会主义现代化国家而团结奋斗——在中国共产党第二十次全国代表大会上的报告》，《求是》2022年第21期。

各国的教育现代化指数分别与全球竞争力指数（WEF）、全球人才竞争力指数（IMD）、全球创新指数（GII）存在明显的正相关关系。这些明显的正相关关系，不仅是教育、科技、人才"三位一体"协同发展科学规律性的有力注脚，而且也从侧面间接佐证了本研究所拟合计算的教育现代化指数具有较强的科学性。

从教育现代化指数与全球竞争力指数的相关性而言，二者总体上呈现较为明显的正相关趋势，如位于第一象限的美国、新加坡、瑞士、澳大利亚、德国、法国和中国等教育现代化指数较高的国家，其全球竞争力指数也通常较高；而与此相反的一端是，位于第四象限的印度、约旦、巴拉圭、厄瓜多尔、土耳其等教育现代化指数相对较低的国家，其对应的全球竞争力指数则往往也相对较低（见图 4-20）。

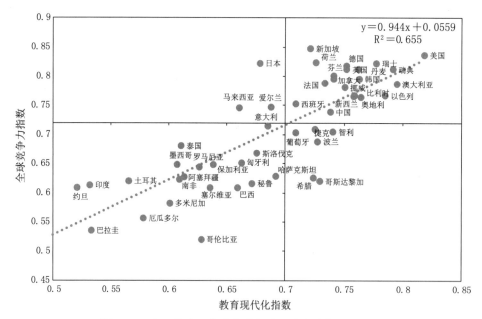

图 4-20　各国教育现代化指数与全球竞争力指数的关系

从教育现代化指数与全球人才竞争力指数的相关性而言，二者总体上也呈现出较为明显的正相关趋势，如位于第一象限的美国、瑞士、澳大利亚、德国、比利时、加拿大和以色列等教育现代化指数较高的国家，其全球人才竞争力指数也通常较高；而与此形成明显对比的一端是，位于第四象限的印度、土耳其、巴西、南非和墨西哥等教育现代化指数相对较低的国家，其对应的全球人才竞争力指数则通常也相对较低（见图4-21）。

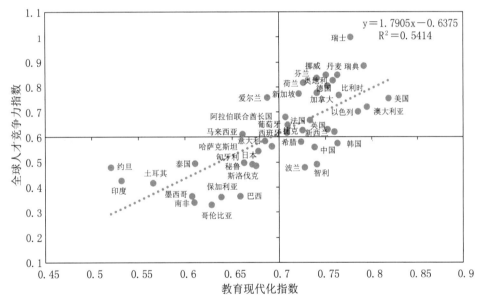

图 4-21　各国教育现代化指数与全球人才竞争力指数的关系

与教育现代化指数与全球竞争力指数、全球人才竞争力指数的相关性相似，从教育现代化指数与全球创新指数的相关性而言，二者总体上也呈现较为显现的正相关趋势，如位于第一象限的美国、瑞士、韩国、英国、德国、法国、加拿大和中国等教育现代化指数较高的国家，其全球创新指数也往往相对较高；而与此明显对比的一端是，位于第四象限的印度、约旦、巴拉圭和土耳其等教育现代化指数相对较低的国家，其对应的全球创新指数则通常也相对较低（见图 4-22）。

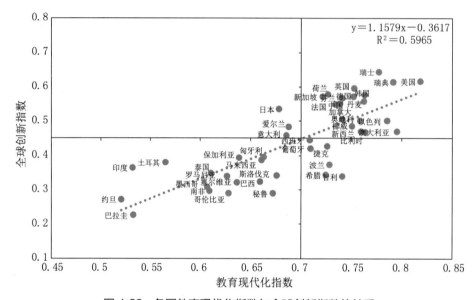

图 4-22　各国教育现代化指数与全球创新指数的关系

第五章

标杆对照视角下，中国式教育现代化成就与方位

  遵循多维分析的原则，在本书构建的具有中国特色且国际实质等效可比的指标体系框架下，借鉴"行业标杆"研究进路，采用标杆分析法，从对照"最佳实践"标杆的角度，以高收入、中高收入国家，以及经合组织成员国、欧盟等发达国家或地区在相关指标上的表现为对照标杆，系统分析2011—2020年间我国教育现代化改革发展的国际方位变化与发展趋势，在坚定中国式教育现代化道路自信、理论自信、制度自信和文化自信的同时，明晰我国加快推进教育现代化、建设教育强国的前进路向，不断拓宽中国式教育现代化改革发展道路。从与标杆国家的对比分析来看，我国教育经费投入逐步增加，整体处于世界中上水平；教育普及水平实现历史性跨越，各级教育普及程度达到或超过中高收入国家平均水平，其中学前教育、义务教育达到世界高收入国家平均水平，高等教育实现了从大众化到普及化的历史性跨越；来华留学人数稳步增长，中国成为亚洲重要留学目的国。与此同时，立足我国社会主义初级阶段办大教育的国情教情，与标杆发达国家相比，我国人力资源开发与高收入国家和经合组织成员国平均水平还有一定差距，师资队伍与高收入国家和经合组织成员国平均水平相比还有进一步提升的空间，生

均财政保障水平和教师平均工资收入仍需重点关注和支持。

第一节　教育经费投入逐步增加，整体处于世界中上水平

教育投入是发展高质量教育事业的重要物质基础，是公共财政保障的重点。党中央、国务院始终坚持把教育作为支撑国家长远发展的基础性、战略性投资，予以优先保障和重点投入。明确保证并积极落实国家财政性教育经费支出占国内生产总值（GDP）的比例一般不低于4%（即"一个不低于"），确保财政一般公共预算教育支出逐年只增不减，确保按在校学生人数平均的一般公共预算教育支出逐年只增不减（即"两个只增不减"）。2021年，我国国家财政性教育经费为4.6万亿元，国家财政性教育经费占GDP的比例连续10年保持在4%以上。

一、国家财政性教育经费占国内生产总值比例达到2020年中高收入国家平均水平

国家财政性教育经费占国内生产总值比例，是指本年度国家财政性教育经费占本年度国内生产总值的百分比。该指标可衡量国家财政性教育经费投入总量情况。一般来说，国家财政性教育经费占国内生产总值比例高，表明政府对教育投入的重视程度高。党中央、国务院高度重视教育工作，始终把教育摆在优先发展的战略地位，优先规划、优先投入、优先配置资源。党的十八大以来，在以习近平同志为核心的党中央的坚强领导下，新时代教育投入工作得到了前所未有的重视，推动教育事业取得历史性成就，主要可概括为"四个更加"：一是优先发展教育

事业的战略地位更加突出，二是优先保障教育投入的战略部署更加有力，三是确保教育经费逐年只增不减的战略决心更加坚定，四是保证国家财政性教育经费支出占 GDP 比例一般不低于 4% 的战略目标更加明确。在党中央、国务院坚强领导下，在中央和地方各级党委政府共同努力下，在财政、发展改革、人力资源社会保障等各部门大力支持下，以政府投入为主、多渠道筹集教育经费体制的逐步巩固完善，有效支撑了我国举办世界最大规模教育体系。近十年来我国对教育的财政投入坚持逐年只增不减，国家财政性教育经费 10 年累计支出 33.5 万亿元，年均增长 9.4%，高于同期 GDP 年均名义增幅（8.9%）和一般公共预算收入年均增幅（6.9%）。我国国家财政性教育经费支出占 GDP 比例在 2012 年首次达到 4%，且连续 10 年保持在 4% 及以上（平均为 4.13%）。2021 年全国国内生产总值初步核算数为 1143670 亿元，国家财政性教育经费占国内生产总值比例为 4.01%。

从同期数据来看，2020 年，我国国家财政性教育经费占国内生产总值比例为 4.22%。世界银行 2022 年 12 月最新数据显示，2020 年国家财政性教育经费支出占 GDP 的比例，世界平均为 4.3%、欧盟平均为 5.4%、经合组织成员国平均水平为 5.3%；从 2020 年不同收入国家水平来看，高收入国家在该指标的平均值为 5.2%，中高收入国家平均为 4.1%。国际数据表明，国家财政性教育经费支出占 GDP 比例的高低，与财政收入占 GDP 比例直接相关。一般而言，当一国财政收入占 GDP 比例在 30%—40% 时，国家财政性教育经费支出占 GDP 比例才可能达到 4% 以上。[①] 我国财政收入占 GDP 比例长期低于世界平均水平，2012 年国家财政性教育经费支出占 GDP 比例首次实现 4% 目标时我国财政收入占 GDP 比例还不到 30%。以上数据表明，尽管我国国家财政性教育经费占 GDP 比例与 2020 年高收入国家、经合组织成员国和欧盟国家仍有一定差距，但已达到中高收入国家平均水平。特别是"十三五"时期，我国财政收入占 GDP 比例不升反降的背景下，我国能连续 10 年保住国家财政性教育经费占 GDP 比例不低于 4% 的底线着实不易，教育成为财政一般公共预算的第一大支出。

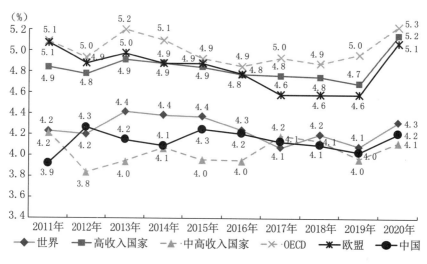

图 5-1 我国财政性教育经费占 GDP 比例的国际比较

二、我国政府积极兑现国际承诺，政府公共开支中用于教育的比例超过中高收入国家平均水平

政府公共开支中用于教育的比例反映了国家及地区政府公共开支中

---

① 周世祥：《教育经费实现"好钢用在刀刃上"》，《光明日报》2022 年 9 月 28 日。

对教育事业的投入水平和力度。在我国，一般公共预算教育经费占一般公共预算支出比例，是指一般公共预算教育经费占一般公共预算支出的百分比。一般公共预算教育经费是通过政府财政预算后直接拨付的款项，一般公共预算教育经费占一般公共预算支出比例高，表明政府对教育投入的重视程度高。该指标主要体现政府部门对教育投入的重视程度，但不能表明一般公共预算教育经费的充足程度，指标值的高低会受到当地一般公共预算支出能力的影响。

2015 年 7 月，奥斯陆教育峰会和第三届发展筹资问题国际会议确认要实现可持续发展目标 4，就需要显著增加筹资。全面落实可持续发展目标 4 的议程，需要持之以恒、有的放矢地筹集资金，并做好有效率的实施安排。2015 年仁川世界教育论坛通过的《仁川宣言》指出，要实现"2030 教育可持续发展愿景"，就必须大幅度、有针对性地增加教育投资。各国应依据国情，遵循国际与区域基准，划拨一定比例的国民生产总值或政府公共开支投资教育。[①] 2021 年全球教育大会高级别会议通过的《巴黎宣言：关于投资于教育的未来的全球呼吁》，再次敦促各国政府毫不拖延地兑现在 2015 年仁川世界教育论坛以及 2018 年和 2020 年全球教育会议上作出的承诺：要至少将 4%—6% 的 GDP 和政府公共开支的 15%—20% 分配给教育。

教育已成为我国财政一般公共预算的第一大支出。2021 年我国一般公共预算教育经费占一般公共预算支出 245673 亿元的比例为 15.25%，

---

① 卞翠、宋佳、张民选：《共同承诺与集体行动：变革教育实现可持续发展——写在联合国教育变革峰会召开之际》，《教育研究》2022 年第 11 期。

比上年提高了 0.47 个百分点。从 2015 年以来，我国一般公共预算教育经费占一般公共预算支出的比例已接近或达到 15%，表明我国政府履行和兑现了将政府公共开支的 15%—20% 分配给教育的国际承诺。

世界银行最新数据显示，2020 年政府公共开支中用于教育的比例，世界平均值为 12.65%、欧盟均值为 10.44%、经合组织成员国均值为 10.90%；从 2020 年不同收入国家水平来看，高收入国家在该指标的平均值为 11.20%，中高收入国家平均为 15.03%。尤其值得关注的是，在全球经济衰退、逆全球化、新冠疫情大流行加剧不确定性和不稳定性的情况下，政府公共开支中用于教育比例的世界均值、欧盟和经合组织成员国均值，以及高收入国家平均值自 2019 年以来均出现明显的下降，而我国一般公共预算教育经费占一般公共预算支出的比例近年来保持稳步增加的趋势（见图 5-2）。

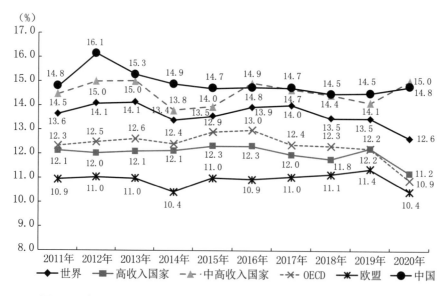

图 5-2　我国一般公共预算教育经费占一般公共预算支出比例的国际比较

第二节　我国教育普及水平实现历史性跨越

过去 10 年，我国教育普及水平实现历史性跨越，教育公平取得历史性成效，中国的教育事业发生了格局性变化。2021 年，全国共有各级各类学校 52.93 万所，各级各类学历教育在校生 2.91 亿人。学前教育毛入园率 88.1%，比 10 年前提高 23.6 个百分点，实现基本普及；2012 年到 2021 年，全国小学的净入学率从 99.85% 提升到了 99.9% 以上，初中的毛入学率始终保持在 100% 以上，已实现全面普及。在实现全面普及的基础上，九年义务教育巩固率达到 95.4%，比 10 年前提高 3.6 个百分点。高中阶段教育毛入学率达到 91.4%，10 年提高了 6.4 个百分点；高等教育毛入学率 57.8%，提高了 27.8 个百分点，翻了近一倍。各级教育普及程度达到或超过中高收入国家平均水平，其中学前教育、义务教育达到世界高收入国家平均水平，高等教育实现了从大众化到普及化的历史性跨越。2021 年，劳动年龄人口平均受教育年限达 10.9 年，相当于高中二年级的水平，比 2012 年增加了 1 年。20 万名义务教育阶段建档立卡辍学学生动态清零，历史性解决了长期存在的辍学问题，为全面建成小康社会作出重要贡献。全国 2895 个县全部实现义务教育基本均衡，99.8% 的中小学校办学条件达到"20 条"底线要求，学校面貌有了根本改观，形成城乡义务教育均衡和一体化发展新局面。以政府为主导、学校和社会积极参与的学生资助政策体系，实现了对"所有学段、所有学校、所有家庭经济困难学生"的全覆盖，10 年来累计资助学生近 13 亿人次，确保

"不让一个学生因家庭经济困难而失学、辍学"。持续实施重点高校招收农村和贫困地区学生专项计划，累计录取学生 95 万余人。30 万以上人口县均设有特殊教育学校，残疾儿童义务教育入学率达 95% 以上。

一、学前教育、义务教育毛入学率达到 2020 年高收入国家平均水平

（一）我国学前教育普及率已经达到乃至超过 2020 年高收入国家、中高收入国家和经合组织成员国平均水平

2021 年，我国学前教育毛入园率为 88.1%，比 10 年前提高 23.6 个百分点。根据世界银行 2022 年 12 月最新数据，2020 年学前教育入园率的世界平均值为 60.9%、欧盟均值为 100.6%、经合组织成员国均值为 80.8%；从 2020 年不同收入国家水平来看，高收入国家该指标的平均值为 83.8%，中高收入国家平均值为 77.9%。2020 年我国学前教育毛入园率为 85.2%，整体上看，我国学前教育普及率已经达到甚至超过高收入国家、中高收入国家和经合组织成员国平均水平。根据联合国世界人口状况报告数据来看，由于数十年来，大多数欧洲国家的人口总和生育率一直低于实现全面人口更替的水平（大约每名妇女平均生育 2.1 个子女），导致大部分欧洲国家少子化现象严重。欧洲国家或地区的低生育率和少子化一定程度上造成欧盟国家学前教育毛入园率在全球遥遥领先（见图 5-3）。

（二）学前教育公益普惠属性进一步增强，远超高收入国家、中高收入国家，以及欧洲和北美国家平均水平

2020 年，全国共有幼儿园 29.17 万所，比上年增加 1.05 万所，增

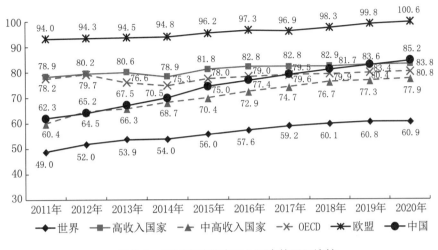

图 5-3 我国学前教育毛入园率的国际比较

长 3.75%。其中，普惠性幼儿园（以政府指导价收取保育费和住宿费的幼儿园，包括教育部门和其他部门举办的公办性质幼儿园，以及普惠性民办幼儿园）23.41 万所，比上年增加 3.12 万所，增长 15.40%，占全国幼儿园的比例为 80.24%。学前教育入园幼儿 1791.40 万人；在园幼儿 4818.26 万人，比上年增加 104.38 万人，增长 2.21%。其中，普惠性幼儿园在园幼儿 4082.83 万人，比上年增加 499.88 万人，增长 13.95%，占全国在园幼儿的比例 84.74%。

我国普惠性幼儿园在园幼儿占比指标与根据联合国教科文组织统计研究所（UNESCO UIS）的"公立幼儿园在园幼儿占比"具有可比性。2015—2021 年，我国普惠性幼儿园在园幼儿占比从 46.01% 提高到 87.78% 以上。根据联合国教科文组织统计研究所最新数据，2020 年公立幼儿园在园幼儿占比的世界平均值为 62.24%、欧洲国家的平均值为 77.95%、北美国家的平均值为 61.87%。从不同收入国家水平来看，

2020年高收入国家该指标的平均值为56.96%，中高收入国家平均值为59.44%。从以上数据来看，自2020年起我国普惠性幼儿园在园幼儿占比已经远超高收入国家、中高收入国家，以及欧洲和北美国家平均水平，且这一优势呈逐渐扩大的态势。从发展趋势来看，自2015年以来我国普惠性幼儿园在园幼儿占比呈逐年明显增加之势，而世界均值、高收入国家、中高收入国家、欧洲和北美国家平均水平则呈缓慢下降的趋势。

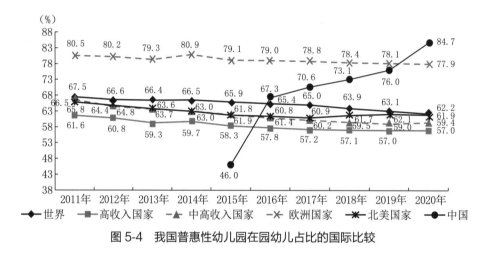

图 5-4 我国普惠性幼儿园在园幼儿占比的国际比较

（三）我国初中阶段毛入学率已超过2020年中高收入国家平均水平，且超过同期欧洲国家平均水平，基本达到高收入国家和北美国家平均水平

初中阶段毛入学率是指初中在校生总数占12—14岁年龄组人口数的百分比。2020年我国初中阶段毛入学率为102.5%。根据联合国教科文组织统计研究所2022年7月发布的最新国际比较数据，2020年初中阶段毛入学率的世界平均值为84.7%、欧洲国家的平均值为101.9%、北美国家的均值为103.5%。从不同收入国家水平来看，2020年高收入国家在该指标的平均值为103.8%，中高收入国家平均值为101.3%。参考以上数据，2020 年我国初中阶段毛入学率已超过中高收入国家平均水平，且超过同期欧洲国家平均水平，基本达到高收入国家和北美国家平均水平。2012—2021 年，全国初中阶段毛入学率始终保持在 100%。从发展趋势来看，10 年来我国初中毛入学率呈波动上升之势。

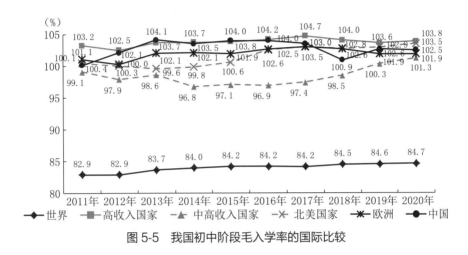

图 5-5　我国初中阶段毛入学率的国际比较

（四）我国小学五年教育保留率已经超过 2020 年高收入国家、中高收入国家，以及欧盟和经合组织成员国平均水平，且这一优势逐渐扩大

小学五年教育保留率作为义务教育巩固率的衍生指标，指小学毕业班学生数占该年级入小学一年级时学生数的百分比，与世界银行基于重建队列方法的"小学最后一年保留率"（Persistence to last grade of primary，坚持到小学最高年级，指在小学一年级入学的儿童中，最终达到小学最高年级的百分比）具有国际实质等效的可比性。2012—2021 年，全国小学净入学率从 99.85% 提高到 99.9% 以上。2020 年，我国小学五年教育保留率为 99.7%。根据世界银行最新数据，2020 年小学最后一年保留率的世界平均值为 82.7%、欧盟国家的平均值为 97.9%、经合组织成员国的平均值为95.8%。从不同收入国家水平来看，2020年高收入国家该指标的平均值为94.7%，中高收入国家平均值为93.8%。从以上数据来看，自2018年以来，我国小学五年教育保留率已经超过高收入国家、中高收入国家，以及欧盟和经合组织成员国平均水平，且这一优势逐渐扩大。从发展趋势来看，自2015年以来，我国小学五年教育保留率呈逐年明显增加之势，而世界均值、高收入国家、中高收入国家、欧盟和经合组织成员国则呈波动或高位"横盘停滞"的趋势。

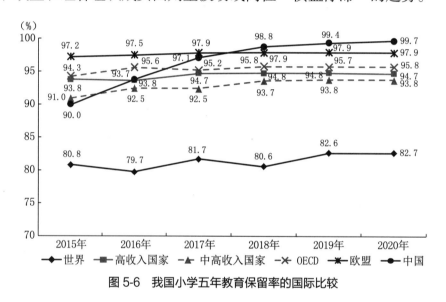

图5-6 我国小学五年教育保留率的国际比较

（五）我国九年义务教育巩固率已超过2020年高收入国家、中高收入国家，以及欧盟和北美国家平均水平

办好义务教育事关亿万少年儿童健康成长，事关国家发展和民族未来。党的十八大以来，在以习近平同志为核心的党中央坚强领导下，我国义务教育认真践行为党育人、为国育才的崇高使命，以均衡发展为战略任务，以促进公平和提高质量为工作重点，不断完善政策保障体系，

努力满足人民群众从"有学上"到"上好学"的美好期盼。从 2012 年到 2021 年，我国义务教育在实现全面普及的基础上，用十年左右的时间进一步实现了县域基本均衡发展，成为我国义务教育发展史上又一个新的里程碑。九年义务教育巩固率是指初中毕业班学生数占该年级入小学一年级时学生数的百分比，该指标提供义务教育阶段学生变动情况的综合信息，能够监测义务教育的内部效益，可作为教育质量类指标，是《中国教育监测与评价统计指标体系（2020 年版）》《中国教育现代化 2035》的监测点。九年义务教育巩固率与可持续发展目标 4 监测指标 4.1.3（初中最后一年级毛在学率）具有国际实质等效的可比性。在实现全面普及的基础上，2021 年我国九年义务教育巩固率达到 95.4%，比 10 年前提高 3.6 个百分点。同时，20 万名义务教育阶段建档立卡脱贫家庭学生辍学实现动态清零，历史性解决了长期存在的辍学问题。此外，为确保一个都不能少，我国通过连续实施特殊教育提升计划，实现了对残疾少年儿童平等享有接受教育权利的切实保障。数据显示，我国适龄残疾儿童义务教育入学率超过 95%。①

根据联合国教科文组织统计研究所 2022 年 7 月发布的最新国际比较数据，2020 年初中最后一年级毛在学率的世界平均值为 77.5%、欧盟国家的平均值为 94.0%、北美国家的平均值为 95.0%。从不同收入国家水平来看，2020 年高收入国家在指标的平均值为 94.5%，中高收入国家

---

① 闫伊乔：《国家财政性义务教育经费增至 2.29 万亿元》，《人民日报》2022 年 7 月 8 日。

平均值为91.1%。参考以上数据，2020年我国九年义务教育巩固率已远高于世界平均水平，且超过同期高收入国家、中高收入国家，以及欧盟和北美国家平均水平。从发展趋势来看，10年来我国九年义务教育巩固率呈逐年增加之势，世界均值、欧盟和中高收入国家呈波动上升趋势，高收入国家呈现高位稳定态势。

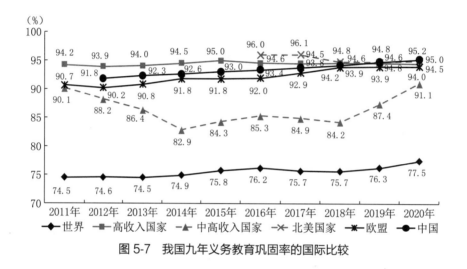

图5-7　我国九年义务教育巩固率的国际比较

二、高中阶段毛入学率已超过2020年中高收入国家平均水平，但低于高收入国家、欧洲和北美国家平均水平

高中阶段毛入学率是指高中阶段在校生（不考虑年龄）占15—17岁年龄组人口数的百分比。2021年，我国高中阶段教育毛入学率91.4%，比10年前提高6.4个百分点。

根据联合国教科文组织统计研究所发布的最新国际比较数据，2020年高中阶段毛入学率的世界平均值为68.7%、欧洲国家的平均值为110.7%、北美国家的平均值为100.0%。从不同收入国家水平来看，

2020 年高收入国家该指标的平均值为 107.9%，中高收入国家平均值为
85.4%。参考以上数据，2020 年我国高中阶段毛入学率已远高于世界平
均水平，且超过同期中高收入国家平均水平；但低于高收入国家、欧洲
和北美国家平均水平。从发展趋势来看，10 年来我国高中阶段毛入学
率呈逐年稳步增加的态势。

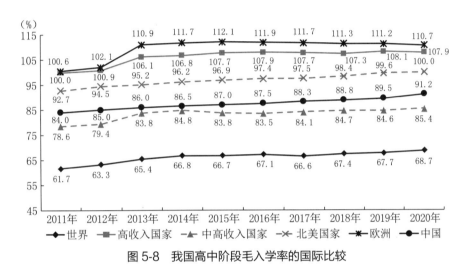

图 5-8　我国高中阶段毛入学率的国际比较

三、我国高等教育进入普及化阶段，高等教育毛入学率已经接近 2020 年中高收入国家平均水平

我国高等教育毛入学率接近 2020 年中高收入国家平均水平。2021
年，我国高等教育毛入学率 57.8%，比 10 年前提高 27.8 个百分点，高
等教育进入普及化阶段。根据世界银行 2022 年 12 月最新数据，2020
年高等教育毛入学率的世界平均值为 40.3%、欧盟平均值为 75.1%、经
合组织成员国平均值为 78.0%；从 2020 年不同收入国家水平来看，高
收入国家该指标的平均值为 79.6%，中高收入国家平均值为 58.0%。

2020 年我国高等教育毛入学率为 54.4%，从整体上看，我国高等教育毛入学率已经接近中高收入国家平均水平，但与高收入国家、欧盟和经合组织成员国平均水平相比还有一定差距。

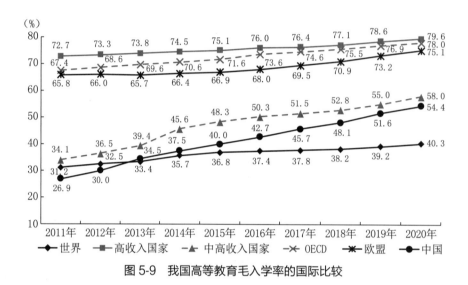

图 5-9　我国高等教育毛入学率的国际比较

四、高校毕业生中 STEM 专业毕业生规模和占比全球领先

2010—2019 年我国 STEM 专业毕业生数量增幅高达 60%，2019 年达到 206.1 万人，居世界第一位，较排名第 2、3 位的美国和俄罗斯分别高出近 1.5 倍和 2 倍。[①] 我国 STEM 本科毕业生占比近十年维持在 50% 左右，自 2015 年以来赶超日本成为占比全球最高的国家。我国高层次专业人才规模也取得重要进展，2019 年 STEM 博士毕业生占比接近 65%，位列全球第 3。

———————

① 金锋、秦坚松、马骁：《优化我国科技人才队伍层次结构提升全球竞争力》,《中国科协创新战略研究院创新研究报告》2022 年第 9 期，https://www.cnais.org.cn/uploads/admin/202211/637db9bf5168b.pdf.

然而，需要特别提及的是，我国 STEM 专业毕业生总量占比由 2010 年的 49.76% 逐年降低至 2019 年的 47.20%，呈现缓慢下降的趋势。同时，2019 年我国 STEM 专业博士毕业生占比为 64.4%，低于法国的 73.7% 和加拿大的 70.0%；且 STEM 博士毕业生平均增速并不明显，最近 5 年间的增速仅为 0.2%，最近 10 年间的增速仅为 0.1%，反观美国最近 10 年间的增速达到 1.3%，德国达到 1.1%，澳大利亚达到 1.0%，韩国达到 1.3%，日本达到 0.3%，荷兰甚至高达 5.3%，反映出我国高层次理工人才培养不足。

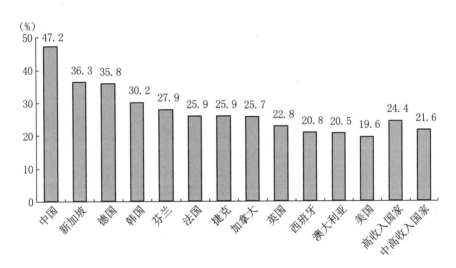

备注：我国为 2019 年数据，其他国家国或地区为 2020 年数据。

图 5-10 我国高校毕业生中 STEM 专业占比的国际比较

第三节 人力资源开发与高收入国家相比还有一定差距

教育现代化发展直接决定着一个国家的人力资源开发水平，并最终决定经济发展的质量。推动高质量发展是当前和今后一个时期我国确定发展思路、制定经济政策、实施宏观调控的根本要求。实现高质量发展，创新是第一动力，人才是第一资源。当前，人力资本对经济增长的贡献率逐渐提高，对一个国家提升国际竞争力的重要性日趋突显。[①] 人才是党和人民事业兴旺发达的宝贵财富。习近平总书记在 2021 年中央人才工作会议上强调，深入实施新时代人才强国战略，全方位培养、引进、用好人才，加快建设世界重要人才中心和创新高地。[②] 人力资本是经济高质量发展的重要根基。实现高质量发展，必须以人才为首要资源，不断提升人力资本对经济发展的贡献率，增强我国经济创新力和竞争力。总的来看，我国人力资源发展形势良好，但对标高质量发展要求，仍有一些矛盾和问题需要解决。比如，我国人力资源丰富，人力资本水平不断提高，但劳动者受教育程度相对高收入水平国家而言还不高。

一、劳动年龄人口平均受教育年限相比高收入国家平均水平还存在差距

我国劳动年龄人口平均受教育年限是指 16—59 岁人口平均接受学历教育（含成人学历教育、不含非学历培训）的年数。该指标能够客观反映劳动者素质，有利于引导增加公平而有质量的公共教育服务，持续提高人力资本水平，更好支撑产业转型升级。劳动年龄人口受教育年限体

---

① 中国社会科学院习近平新时代中国特色社会主义思想研究中心：《为高质量发展提供人力资源支撑》，求是网，http://www.qstheory.cn/economy/2020-03/25/c_1125764532.htm，2020 年 3 月 25 日。

② 习近平：《深入实施新时代人才强国战略　加快建设世界重要人才中心和创新高地》，《求是》2021 年第 24 期。

现了一个国家的人力资源发展水平，是衡量核心竞争力及创新发展能力的国际通用基础性指标。美国国家经济研究署（NBER）对146个国家1950—2010年的相关数据分析发现，人均受教育年限每增加1年，由此转化而来的经济总量至少增加2%；世界银行相关研究也表明，劳动力人均受教育时间每增加1年，GDP就会增加9%。对制造业企业的计量模型分析表明，如果企业职工全部由初中以下学历改变为高中学历，企业的劳动生产率将提高24%；如果全部改变为大专学历，企业的劳动生产率可以再提高75%；由大专到本科，劳动生产率可以再提高66%。[①]

"十三五"时期，我国劳动年龄人口平均受教育年限从10.2年增至10.8年。2021年全国劳动年龄人口平均受教育年限为10.9年。我国"十四五"时期经济社会发展主要目标中，劳动年龄人口平均受教育年限将提高到11.3年。这意味着"十四五"期间每年要提高0.1年。《中国教育现代化2035》提出，2035年劳动年龄人口平均受教育年限达到12年的目标，以2021为始未来15年需提高1.2年，平均每5年提高0.4年。按照我国现在的教育体系，11.3年相当于高中三年级上学期的水平，接近高中毕业。这意味着到2025年我国人均受教育水平达到高中二年级以上的教育程度，2035年我国人均受教育年限相当于高中毕业生水平，这对于建设现代化国家、建设教育强国都具有十分重要意义。

国际比较数据表明，目前部分发达国家25岁及以上年龄人口获得

---

① 叶雨婷、樊未晨：《增加0.6年，中国经济能获多大红利》，《中国青年报》2021年3月7日。

的平均受教育年限普遍超过 12 年，其中，德国、美国、加拿大、英国等均达到 13 年，甚至超过 14 年，而我国这一数值没有超过 11 年。若按照每年平均递增 0.1 年左右的幅度（大体上为每 10 年提高 1 年），要达到平均 12 年可能还存在 10 年以上的差距；若要实现 25 岁及以上劳动年龄人口受教育程度普遍达到 13.5—14 年（达到大专学历程度），在目前我国新增劳动力平均受教育年限人均达到 13.8 年（已进入高等教育阶段）、高中普及程度已经达到 90% 以上、高等教育毛入学率接近60% 的发展新阶段，人口平均受教育程度的增幅将趋于减缓，在进一步提高高中阶段教育和高等教育普及水平的同时，更多依靠职业教育、高等教育、继续教育的拉动，努力构建服务全民终身学习的教育体系，是新时代我国人力资源深度开发的必由之路。

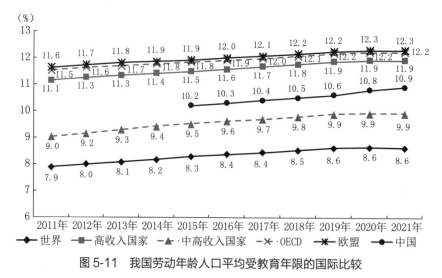

图 5-11　我国劳动年龄人口平均受教育年限的国际比较

备注：1. 我国劳动年龄人口平均受教育年限是指 16—59 岁人口平均接受学历教育（含成人学历教育、不含非学历培训）的年数；2. 国际数据是指 25 岁及以上年龄人口获得的平均受教育年限。

二、15 岁及以上人口识字率已超过 2020 年同期中高收入国家平均水平

识字率的定义为，一个国家当中 15 岁以上的劳动人口中能读写文字的人的比率。全球平均识字率正在增加当中，但是世界上依然有不少失学的人口。识字率不仅反映出一个国家教育普及的程度，而且反映出一个国家的人力资源开发水平，同时在某种程度上也可以反映出国家的政局安定性。另一方面，识字率增加和国民义务教育实施也有关联。传统上，"识字"是指读书和写字的能力水平到达可以沟通的能力，但对识字的定义和标准可能因国家而异。在发展中国家，识字率呈现上升趋势，发达国家的识字率基本上保持高水平稳定。

根据联合国教科文组织统计研究所发布的最新国际比较数据，2020 年 15 岁及以上人口识字率的世界平均值为 86.81%、欧洲和中亚国家的平均值为 98.43%。从不同收入国家水平来看，2020 年中高收入国家平均值为 95.95%，高收入国家约为 99.0%。参考以上数据，2020 年我国 15 岁及以上人口识字率已远高于世界平均水平，且超过同期中高收入国家平均水平；但低于高收入国家、欧洲国家平均水平。从发展趋势来看，10 年来我国 15 岁及以上人口识字率呈逐年稳步增加的态势（见图 5-12）。

15 岁及以上人口识字率和文盲率犹如一枚硬币的两面。文盲率是指文盲人口数与相应年龄组全部人口数的比率。与识字率的界定情况相似，世界各国测定文盲率的标准和方法不尽相同，有的以全部人口为测

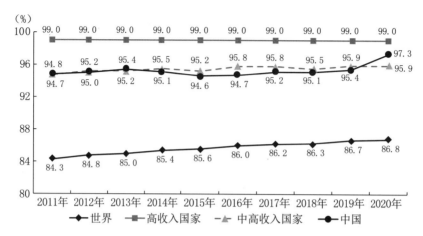

备注：我国 2011—2019 年数据来自历年中国统计年鉴，2020 年数据来自第七次全国人口普查数据。

图 5-12　我国 15 岁及以上人口识字率的国际比较

定基数，有的以限定的年龄段对象为测定基数。新中国成立后，文盲率的测定以不同时期国家规定的对象、年龄段人数为基数，不同时期有不同的测定标准。1956 年 3 月，中共中央、国务院印发的《关于扫除文盲的决定》规定，扫除文盲的对象以 14—50 岁的人为主。1958 年前一度采取按国家当时规定的年龄段对象的全部人口（包括在校学生）为基数测定文盲率。第七次全国人口普查数据显示，2020 年我国具有大学文化程度的人口为 21836 万人。与 2010 年相比，我国 15 岁及以上人口文盲率由 4.08% 下降为 2.67%。受教育状况的持续改善反映了 10 年来我国大力发展高等教育以及扫除青壮年文盲等措施取得了显著成效，人口素质不断提高。[①] 文盲率显著下降，为铸牢中华民族共同体意识、构

---

① 陆娅楠：《人口家底有了新变化》，《人民日报》2021 年 5 月 12 日。

筑中华民族共有精神家园、各民族参与伟大复兴进程和共享伟大成果贡献了力量。

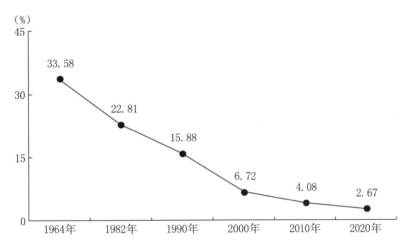

备注：1964 年文盲人口为 13 岁及以上不识字人口，1982、1990、2000、2010、2020 年均为 15 岁及以上不识字人口。

图 5-13　我国历次人口普查文盲率

第四节　师资队伍与高收入国家相比仍存在提升空间

党的十八大以来，党中央、国务院坚持把教师队伍建设作为基础工作。习近平总书记对教师队伍建设作出了系列重要批示指示，强调教师是立教之本、兴教之源，号召广大教师要做"四有"好老师、"四个引路人"。习近平总书记指出，国家繁荣、民族振兴、教育发展，需要我们大力培养造就一支高素质专业化教师队伍。10 年来，我国师资队伍建设取得了历史性成就，教师队伍整体面貌发生了格局性变化，义务教育专任教师总数从 909 万增至 1057 万，增加了 148 万人，本科以上学历教师占比由 47.6% 提高至 77.7%，"中小学幼儿园教师国家培训计划"（国培计划）累计培训校长教师超过 1700 万人次。依法保障教师工资待遇，确保义务教育教师平均工资收入水平不低于当地公务员平均工资收入水平，各地基本实现义务教育教师平均工资收入水平不低于当地公务员平均工资收入水平。全面实施乡村教师生活补助政策，覆盖中西部 22 个省份 725 个区县 7.6 万所乡村学校 130 余万名教师。[①] 面向未来，在服务教育高质量发展，推进教育现代化，支撑教育强国方面，高质量教师队伍建设仍有亟待提升的空间。

一、师资队伍规模总体上满足了教育教学基本需要，生师比达到或优于中高收入国家平均水平

生师比是指某学年内某级教育中每位专任教师平均所教的学生数，该指标反映了教师数量充足程度，经常用作教育质量的替代指标。

（一）我国学前教育阶段生师比达到同期中高收入国家，但与欧盟成员国平均水平相比还存在差距

2021 年，我国学前教育阶段生师比为 15.06∶1，近年来有大幅改善。根据世界银行 2022 年 12 月最新公布的数据和联合国教科文组织统计研究所发布的最新国际比较数据，学前教育阶段生师比的世界平均值在 2020 年为 21.4∶1；2018 年，欧盟该指标的平均值为 12.8∶1、经合组织成员国平均值为 15.2∶1；从 2020 年不同收入国家水平来看，高收入国家该指标的平均值为 15.7∶1，中高收入国家平均为 17.9∶1。2020

---

① 崔斌斌：《从"有学上"到"上好学"》，《中国教师报》2022 年 6 月 29 日。

年我国学前教育阶段生师比为 15.8∶1。整体上看，我国学前教育阶段生师比已远优于同期世界平均水平，优于中高收入国家平均水平，已经基本达到高收入国家水平，但与经合组织和欧盟成员国 2018 年的平均水平比还存在一定的差距。从发展趋势来看，2015—2021 年，我国学前教育阶段生师比呈稳步持续下降的态势，尤其是近三年来，我国学前教育阶段生师比均处于 17∶1 以下，说明我国学前教育阶段师资队伍建设得到逐步加强，为学前教育的高质量发展提供了较为有力的师资保障。

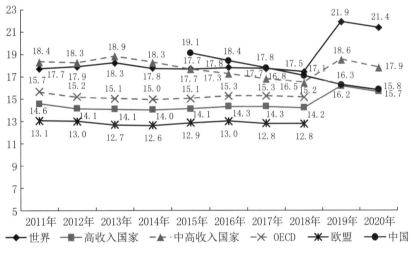

图 5-14　我国学前教育阶段生师比的国际比较

（二）我国小学教育阶段生师比优于中高收入国家，但与高收入国家和经合组织成员国平均水平还存在差距

2021 年，我国小学教育阶段生师比为 16.3∶1，比 10 年前有明显改善。根据世界银行 2022 年 12 月最新公布的数据，2018 年小学教育

阶段生师比的世界平均值为 23.4∶1、欧盟平均值为 13.3∶1、经合组织成员国平均值为 15.3∶1；从 2018 年不同收入国家水平来看，高收入国家该指标的平均值为 14.0∶1，中高收入国家平均值为 18.4∶1。2018 年我国小学教育阶段生师比为 17.0∶1。整体上看，我国小学教育阶段生师比已远优于世界平均水平，优于中高收入国家平均水平，但与高收入国家、经合组织和欧盟成员国平均水平比还存在较大的差距。从发展趋势来看，10 年来我国小学教育阶段生师比呈稳步下降的态势，尤其是 2017—2021 年期间，我国小学教育阶段生师比均处于 17∶1 以下，说明我国小学教育阶段师资队伍规模得到逐步增加，能够较为有力地保障小学阶段教育教学工作正常有效的开展。

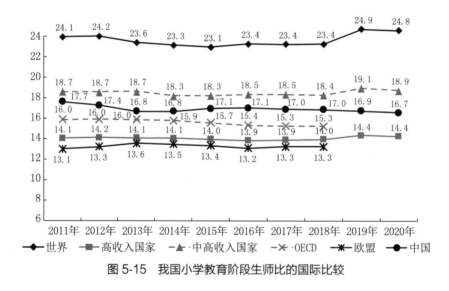

图 5-15　我国小学教育阶段生师比的国际比较

（三）我国初中阶段教育生师比达到高收入国家水平，优于中高收入国家和经合组织成员国平均水平，但与欧盟平均水平比还存在差距

2021 年，我国初中教育阶段生师比为 12.6∶1，比 10 年前的

14.4∶1有明显改善。根据世界银行2022年12月最新公布的数据，2018年初中教育阶段生师比的世界平均值为16.9∶1、欧盟平均值为11.6∶1、经合组织成员国平均值为14.0∶1；从2018年不同收入国家水平来看，高收入国家该指标的平均值为12.7∶1，中高收入国家平均值为13.9∶1。2018年我国初中教育阶段生师比为12.8∶1。整体上看，我国初中教育阶段生师比已远优于世界平均水平，达到高收入国家平均水平，优于中高收入国家和经合组织成员国平均水平，但与欧盟平均水平相比还存在差距。从发展趋势来看，10年来我国初中教育阶段生师比呈总体下降的趋势，尤其是2011—2014年期间，我国初中教育阶段生师比下降趋势明显，说明这一时期我国初中教育阶段师资队伍规模得到明显增加，能够有力满足初中教育阶段对师资队伍的需求。此外，2019—2021年，我国初中教育阶段生师比仍呈稳步下降的态势。

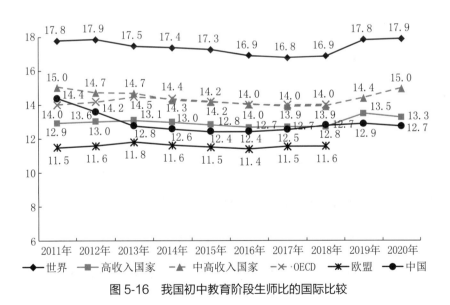

图 5-16 我国初中教育阶段生师比的国际比较

（四）我国普通高中阶段生师比优于中高收入国家和经合组织成员国平均水平，已接近高收入国家平均水平，但与欧盟国家平均水平比还有一定差距

2021 年，我国普通高中教育阶段生师比为 12.8∶1，比 10 年前的 15.8∶1 有显著改善。这意味着近十年来，我国普通高中阶段每位专任教师平均所教的学生数减少 3 人。根据世界银行 2022 年 12 月最新公布的数据，2018 年高中教育阶段生师比的世界平均值为 17.2∶1、欧盟平均值为 12.0∶1、经合组织成员国平均值为 13.3∶1；从 2018 年不同收入国家水平来看，高收入国家该指标的平均值为 12.6∶1，中高收入国家平均值为 14.5∶1。2018 年我国初中教育阶段生师比为 13.1∶1。整体上看，2018 年我国普通高中教育阶段生师比已远优于世界平均水平，优于中高收入国家和经合组织成员国平均水平，已接近高收入国家平均水平，但与欧盟国家平均水平比还有一定差距。从发展趋势来看，2011—2021 年我国普通高中教育阶段生师比呈明显持续下降的趋势，说明我国普通高中教育阶段师资队伍规模得到明显增加，能够有力满足普通高中教育阶段对师资队伍的需求（见图 5-17）。

二、高素质专业化教师队伍建设取得了历史性成就，我国小学专任教师学历合格率超过同期高收入国家平均水平

专任教师学历合格率，是指某一级教育具有国家规定的最低学历要求的专任教师数占该级教育专任教师总数的百分比。各级教育教师的最低学历要求，参照《中华人民共和国教师法》中的相关规定。该指标可

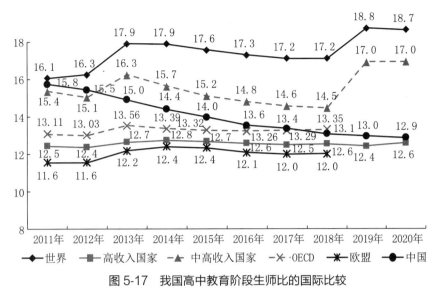

图 5-17 我国高中教育阶段生师比的国际比较

备注：我国高中教育阶段生师比是指普通高中教育生师比，不包括中等职业教育。

以反映专任教师中学历合格教师的比重，监测教师的总体质量，可作为教育条件保障类和教育质量类指标。根据《中华人民共和国教师法》相关规定，取得小学教师资格，应当具备中等师范学校毕业及其以上学历。根据 2020 年全国教育事业发展统计公报，2020 年我国小学专任教师学历合格率为 99.98%。

我国小学专任教师学历合格率定义和统计方法，与联合国教科文组织统计研究所"小学教育阶段具有最低资格要求的教师比例"（Proportion of teachers with the minimum required qualifications in primary education）、"小学教育阶段符合国家标准的教师比例"具有实质等效的可比性。根据该所 2022 年 7 月发布的最新国际比较数据，2020 年"小学教育阶段具有最低要求资格的教师比例"的世界平均值为 86.16%、北美国家的平均值为 98.29%、欧洲国家的平均值为 93.36%（2019

年）；从不同收入国家水平来看，2020 年高收入国家该指标的平均值为 93.80%。2020 年"小学教育阶段符合国家标准的教师比例"的世界平均值为 90.91%、北美国家的平均值为 99.26%；从不同收入国家水平来看，2020 年高收入国家该指标的平均值为 95.93、中高收入国家平均值为 92.76%。

参考以上数据，2020 年我国小学专任教师学历合格率已远高于世界平均水平，且超过同期高收入国家、中高收入国家平均水平，以及欧洲、北美国家平均水平。从发展趋势来看，近十年来我国小学专任教师学历合格率一直保持在 99% 以上几乎 100% 区间的高位（见图 5-18）。

三、我国基础教育阶段教师学历层次偏低，与高收入国家和经合组织成员国平均水平存在较为明显的差距

党的二十大报告提出，到 2035 年，建成教育强国、科技强国、人才强国、文化强国、体育强国、健康中国。教育强国和其他各项强国建设的重要基础和途径，教育、科技、人才是全面建设社会主义现代化国家的基础性、战略性支撑，[①] 在教育、科技、人才三者的互动中，教育是根基。在建成教育强国背景下，对我国教师队伍的素质、结构提出了更高要求，特别是要加快提升我国基础教育教师队伍的学历层次。

党的十八大以来，我国基础教育教师队伍建设取得显著成效，但

---

① 习近平：《高举中国特色社会主义伟大旗帜　为全面建设社会主义现代化国家而团结奋斗》，《人民日报》2022 年 10 月 26 日。

小学教育阶段具有最低资格要求的教师比例

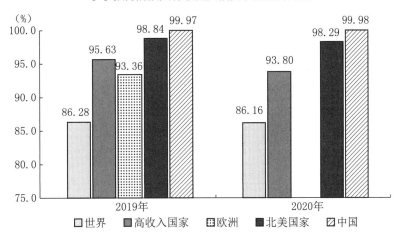

小学教育阶段符合国家标准的教师比例

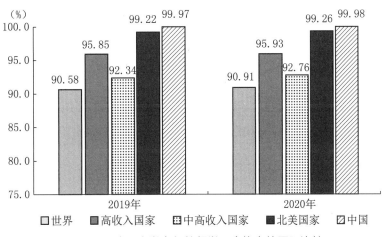

图 5-18　我国小学专任教师学历合格率的国际比较

依然面临着高质量师资体系的深化改革和发展需求。2021年，我国幼儿园、普通小学、初中、高中专任教师中本科及以上学历占比分别为29.1%、70.3%、90.0%、98.8%，这距离《中国教育现代化2035》提出的"义务教育专任教师中本科以上学历比例"在2020年要达到75%、到2035年将超过95%的目标尚存差距。此外，2021年，我国幼儿园、普通小学、初中、高中专任教师中研究生学历占比分别为 0.23%、1.89%、4.58%、12.39%。值得注意的是，作为我国教师队伍建设的短板，幼儿园专任教师中研究生学历比例不到 0.3%，乡村幼儿园有超过20% 的教师学历层次为高中及以下。由此来看，目前我国基础教育教师学历层次偏低，与高收入国家、经合组织成员国平均水平存在明显差距，还不能完全适应建成教育强国的战略目标。

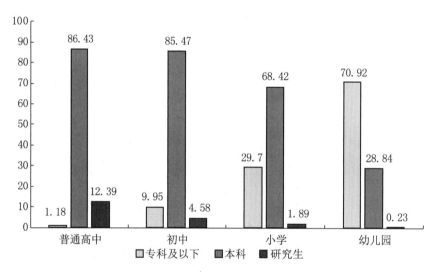

图 5-19　2021 年我国中小幼教育阶段专任教师学历结构

从国际数据来看，具有硕士研究生学历的教师已成为高收入国家，甚至部分中高收入国家基础教育教师的主体。2021 年，幼儿园、小学、初中和高中专任教师中具有研究生（包括硕士和博士）学历的教师比例，英国分别为 45%、45%、66% 和 66%，美国分别为 53%、57%、61% 和 63%，瑞典分别为 4%、30%、73% 和 86%，芬兰分别为 8%、96%、96% 和 99%，斯洛文尼亚分别为 23%、79%、78% 和 97%，捷克分别为 10%、88%、89% 和 95%，韩国分别为 21%、27%、32% 和 37%。2021 年，德国小学、初中和高中专任教师中具有研究生学历的教师占比均达到 100%；法国小学和高中阶段专业教师中研究生学历占比分别为 33% 和 38%。

表 5-1　2021 年部分经合组织成员国中小学教师学历结构（%）

	小　学			初　中			高　中		
	大专及以下	本科	研究生	大专及以下	本科	研究生	大专及以下	本科	研究生
捷克	8	4	88	6	6	89	2	3	95
爱沙尼亚	10	28	63	7	22	71	4	15	81
芬兰	2	2	96	2	2	96	0	1	99
法国	10	57	33	\	\	\	6	56	38
德国	0	0	100	0	0	100	0	0	100
希腊	0	82	18	\	\	\	1	72	28
匈牙利	\	\	\	1	76	23	0	9	91
冰岛	8	65	26	8	65	26	17	36	48
以色列	2	55	43	2	42	57	6	45	50
韩国	0	73	27	0	68	32	0	63	37
拉脱维亚	6	94	\	5	95	\	3	97	\
墨西哥	4	88	9	7	81	12	\	\	\
荷兰	0	80	20	0	63	37	0	63	37
新西兰	8	89	4	8	88	5	3	84	13
挪威	4	85	11	4	85	11	3	50	48
波兰	0	2	98	0	2	98	0	1	99
葡萄牙	\	6	94	\	3	97	\	3	98
斯洛文尼亚	17	4	79	20	2	78	1	2	97
西班牙	0	100	\	0	0	100	0	0	100
瑞典	4	66	30	3	24	73	2	13	86
土耳其	5	90	5	0	93	7	0	78	22
美国	2	41	57	3	37	61	4	33	63
比利时	1	93	5	1	82	17	1	9	90
英国	6	49	45	3	32	66	3	32	66

备注：研究生学历包括硕士研究生学历和博士研究生学历。

经合组织针对初中教师开展的教师教学国际调查（TALIS）项目，具有科学而严格的国际抽样方案和标准。参与 TALIS 调查的抽样样本通常具有很好的代表性，能够较好地反映本国／地区教师全体的特点。根据 TALIS2018 调查样本来看，中国（上海）初中教师的学历以本科为主（占86.4%），硕士研究生仅为12.69%；从国际比较来看，在高收入国家初中教师中具有硕士研究生学历的比例平均为44.7%，中高收入国家为29.3%，经合组织成员国平均水平为45.9%。由以上数据来看，一定程度上代表中国高水平师资队伍的上海，其初中教师研究生学历占比与高收入国家、中高收入国家和经合组织成员国平均水平比仍存在较为明显差距。

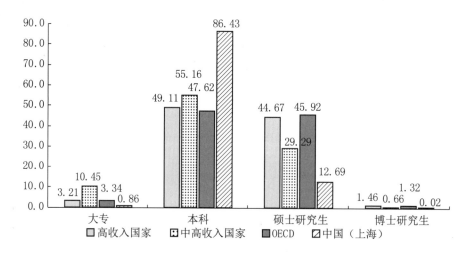

数据来源：OECD 2019. TALIS 2018 Results（Volume I）.

图 5-20　我国初中专任教师学历结构的国际比较

第五节　来华留学人数稳步增长，中国成为亚洲重要留学目的国

我国坚持教育对外开放不动摇，积极开展双边多边教育交流，加强与世界各国的互容、互鉴、互通，持续推进教育国际交流合作，努力打

造更具国际竞争力的留学教育，积极欢迎各国学生来华留学，不断开创教育对外开放新格局。党的十八大以来，我国进入全面深化改革、扩大对外开放的新阶段，中国日益走向世界舞台的中央，大国地位和国际影响力显著提升，留学工作承担的使命更加重大。2016年2月，中共中央、国务院正式印发《关于做好新时期教育对外开放工作的若干意见》，这是新中国成立以来第一份全面指导我国教育对外开放事业发展的纲领性文件，留学工作是其中的重要内容。总结回顾十八大以来留学工作，外国来华留学生规模持续扩大，区域和学科布局不断优化，留学教育质量再上新台阶，来华留学工作主要呈现以下趋势：

一、出国留学与来华留学人数同步增长，来华留学生质量稳步提升

中国已成为亚洲最大留学目的国，来华留学吸引力与国家经济实力和综合实力的匹配度进一步提升。作为全球最大的留学输出国之一，"十三五"时期，留学生走出国门数量依旧平稳。值得关注的是，留学生"回流率"也十分显著。2016至2019年，我国出国留学人数251.8万人，回国201.3万人，学成回国占比达八成（79.9%）。[①]

在"走出去"的同时，我国还通过不断提升的办学实力和逐步优化的办学结构，吸引了更多的优质来华留学生。"十三五"时期，按照全面深化教育改革的总体部署，教育对外开放领域着力加大制度建设和体制机制创新力度，来华留学聚焦提高质量。教育部先后出台《学校招

---

① 刘锦：《"十三五"我国教育国际影响力迈上新台阶》，《教育家》2021年第5期。

收和培养国际学生管理办法》《来华留学生高等教育质量规范（试行）》《中国政府奖学金工作管理办法》等文件，进一步规范高校接受留学生的资格条件，来华留学质量规范与监管体系不断完善，来华留学生结构不断优化。统计数据显示，2019年来华留学学历生比例超过一半，达到约55.0%，比2016年提高7个百分点。[①] 在来华留学生生源国家和地区中排名前10位的生源国依次为：韩国、美国、泰国、巴基斯坦、印度、俄罗斯、印度尼西亚、哈萨克斯坦、日本和越南。其中，"一带一路"沿线国家留学生成为新亮点。2019年在我国学习的"一带一路"沿线国家留学生占比达54.1%。同年，中国与俄罗斯双向留学交流人员规模突破10万人，提前一年实现两国元首确定的目标。

表5-2　世界主要国家高等教育留学生占全球留学生的比例（%）

国家	2000年	2001年	2017年	2018年	2019年	2020年
美国	28	28	24	22	21	20
英国	14	11	11	10	9	10
中国	—	—	10	10	9	9
加拿大	2	—	7	7	8	9
澳大利亚	7	4	7	7	8	8
法国	8	7	7	7	7	6
俄罗斯	—	—	6	6	6	6
德国	12	9	6	5	5	5
日本	4	3	—	—	4	4
西班牙	3	2	—	—	2	2

① 刘锦：《"十三五"我国教育国际影响力迈上新台阶》，《教育家》2021年第5期。

国家	2000 年	2001 年	2017 年	2018 年	2019 年	2020 年
比利时	2	2	—	—	—	—
奥地利	2	—	—	—	—	—
其他	18	34	23	25	21	20

数据来源：https://www.iie.org/research-initiatives/project-atlas/explore-global-data/.

二、中外合力，世界一流大学加大在华办学投入

除双向流动外，我国国内的中外合作办学也呈现良性增长的态势。目前，国内本科以上中外合作办学在读学生已超过 30 万人，我国成为世界一流大学的重要合作方。"十三五"期间，教育部共审批和备案中外合作办学机构和项目 580 个（独立法人机构 7 个，非独立法人机构 84 个，项目 489 个），其中本科以上 356 个。截至 2020 年底，现有中外合作办学机构和项目 2332 个，其中本科以上 1230 个。此外，"十三五"期间，我国新签 11 份高等教育学历学位互认协议，已累计覆盖 54 个国家和地区。同时，为缓解疫情导致的出国留学受阻问题，遵循"在地国际化"的工作思路，教育部推动 94 个中外合作举办的大学、机构和项目临时扩招学生人数，共录取学生人数超过 3000 人。[①]

三、逐渐打破以汉语学习为主的格局，学科分布更加合理

2016 年来华学习汉语的人数占总人数的 38.2%，比 2012 年的 53.5% 下降了 15.3 个百分点，更多学生来华学习汉语以外专业。就读其

---

① 郭荣、徐适、陈会林：《新时代中外合作办学思政育人的若干思考》，《神州学人》2023 年第 4 期。

他学科的学生规模和比例显著增长：相比 2012 年，教育、理科、工科和农学学生数量显著增加，增幅均超过 100%；经济、西医、文学、法学、管理等学生数量增幅均超过 50%；占比增长最快的学科为工科，比 2012 年增长了 5.2 个百分点。在学历生中，就读人数最多的学科依次为西医、工科、经济和管理。汉语专业从 2012 年的第 2 位下降至 2016 年的第 5 位。

四、与高收入国家和欧盟相比，我国留学生工作还存在明显差距

在看到我国留学工作取得显著成绩、与国家战略契合度显著提高的同时，需要清醒地认识到，面对欧美等国家和地区与中国"脱钩断链"的严峻挑战，我国留学工作仍面临较大的压力。2020 年国际比较数据显示，在高等教育留学生占本国／地区高等教育学生总规模的比例上，我国仅为 1.2%，与中高收入国家相比还存在一定差距，与高收入国家平均水平、欧盟国家平均水平相比仍存在明显差距。同时，2020 年我国高等教育留学生占高等教育学生总规模的比例还低于中亚和太平洋地区平均值，甚至与世界平均值相比也存在明显差距。尽管我国已建成全球规模最大的高等教育体系，高等教育普及化水平进一步巩固和提升，多样化、个性化、学习化、现代化等普及化阶段的发展特征更加显著，但我国高等教育留学生占比不及高等教育毛入学率年增长状况 [1] 的困境

---

[1] 2020 年，我国高等教育留学生占高等教育在校学生总规模的比例为 1.2%。同年我国高等教育毛入学率为 54.4%，比上年增加 2.8 个百分点。我国高等教育留学生占比远不及高等教育毛入学率年增长的百分点。

亟待努力破解。从近年来发展趋势看，我国高等教育留学生占比增长缓慢，若不采取针对性举措，恐难实现显著增长（见图5-21）。

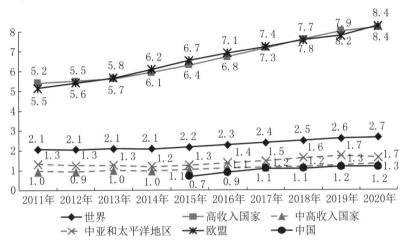

图 5-21　我国高等教育留学生占比（％）的国际比较

第六节　生均财政保障水平和教师平均工资收入仍需重点关注

近十年来，我国生均经费水平实现历史性跨越，生均财政保障水平大幅提高。2021年全国按在校学生人数平均的一般公共预算教育支出，幼儿园9506元、普通小学12381元、普通初中17772元、普通高中18809元、中职学校17095元、普通高等学校22586元，分别是2011年的3.3倍、2.2倍、2.4倍、2.5倍、2.1倍、1.5倍。其中，幼儿园年均增长12.6%，在各教育阶段中增幅最高、增速最快；普通小学年均增长8.3%；普通初中年均增长8.9%；普通高中年均增长9.8%，增幅仅次于幼儿园，支出水平仅次于普通高校；中等职业学校，年均增长7.9%；普通高校尽管年均增速最低，为4.1%，但支出水平最高，超过2万元。

改革开放，尤其是党的十八大以来，我国教师地位待遇不断提升。建立了教师工资待遇保障长效机制，全国各地基本实现义务教育教师平均工资收入水平不低于当地公务员平均工资收入水平，同时完善中小学教师收入分配激励机制，并全面实施乡村教师生活补助政策等举措切实提高教师工资收入水平。

然而，由于生均财政保障水平的国际数据在不同收入国家水平、欧盟成员国平均水平等对标比较维度的最新可获得数据更新较慢（最新可获得为 2017 年数据），且具有间断不连续性，故此该指标不能进行在不同收入国家水平等维度的国际比较的分析，在指数拟合部分对选定国家的生均财政支出进行了分析。由于同样的原因，教师平均工资收入的国际比较主要以经合组织成员国、欧盟均值及部分选定的发达国家在该指标的数据进行。

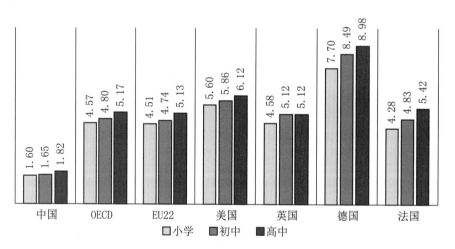

图 5-22 我国中小学教师工资收入水平（万美元，PPP$）的国际比较

近年来，教师薪资收入大幅增加，从 19 个常见行业的中下水平提

升到了中上水平。2003年，我国教育行业城镇人员平均年工资为14189元，2017年这一数字增长为83412元，是2003年的5.88倍。在此期间，教育行业薪资在19个行业中的排名从第12名跃升到了第7名，成为收入中等偏上的行业。可以说，近年来我国教师工资收入有了明显的提高。但与欧美等发达国家相比，我国教师的工资收入水平还存在一定的改善空间。由图5-22来看，通过购买力平价美元（PPP$）换算后，2020年我国小学、初中和高中教师平均工资收入分别为1.6万、1.65万和1.82万购买力平价美元。我国中小学教师平均工资收入不仅与经合组织、欧盟成员国平均水平存在明显差距，更与美国、德国、英国和法国中小学教师平均工资收入存在悬殊差距。从数据表现来看，2020年我国中小学教师平均工资收入分别约为英国、法国，以及经合组织、欧盟国家平均水平的1/3，约为美国中小学教师平均工资收入的30%，约为德国中小学教师平均工资收入的20%。

除了上述量化指标外，还涉及三个定性说明性指标，包括：法律框架中保障的义务教育年数、法律框架中保障的学前教育的年数，以及存在将教育资源重新分配给弱势人群的供资机制等。此外，还存在一个兼具有定量和定性说明的指标，即中小学教师过去12个月内接受过在职培训的教师百分比。具体来看：

义务教育法定年限和法律框架中保障的学前教育的年数其实是学制改革与建设问题。学制的建设反映了一个国家教育现代化的水平，是教育高质量发展的制度性安排。国家学制的设计与特点，反映了一个国家教育的合理性程度，对于整个教育资源的配置与优化教育与社会之间的关系，提高教育的效益，都具有十分重要的意义。

一是关于义务教育法定年限。义务教育起源于德国，马丁·路德（Martin Luther）是最早提出义务教育概念的人。1619年，德国魏玛公国公布的学校法令规定：父母应送其6—12岁的子女入学，这是最早的义务教育。在1763年到1819年，德国基本完善了义务教育法规。义务的含义包括父母与家庭有使学龄儿童就学的义务，国家有设校兴学以使国民享受教育的义务，以及全社会有排除阻碍学龄儿童身心健全发展的种种不良影响的义务。16世纪欧洲宗教改革运动中，新教国家为推行宗教教育，提倡广设教育。1619年，德意志魏玛邦公布的学校法令规定，父母应送其6—12岁子女入学，否则政府得强迫其履行义务。通常被认为义务教育的开端。英、法、美等资本主义国家大多在19世纪70年代后实行义务教育。根据联合国教科文组织的有关统计资料，到20世纪70年代末80年代初，全球已有近60个国家实施义务教育法。各国实施义务教育的年限长短，大体是由该国的经济发展水平和文化教育程度决定的。

新中国成立后，初期起临时宪法作用的《中国人民政治协商会议共同纲领》及以后正式颁行的国家宪法中，都明确规定公民有受教育的权利和义务。1985年5月27日发布的《中共中央关于教育体制改革的决定》指出，义务教育，即依法律规定适龄儿童和青少年都必须接受，国家、社会、家庭必须予以保证的国民教育，为现代生产发展和现代生活所必需，是现代文明的一个标志。《中华人民共和国义务教育法》规定，义务教育是国家统一实施的所有适龄儿童、少年必须接受的教育，是国家必须予以保障的公益性事业。义务教育是我国一项非常重要的基本教育制度，具有强制、普及、均衡三个特征。我国实行九年义务教育制度，包括小学阶段、初中阶段。

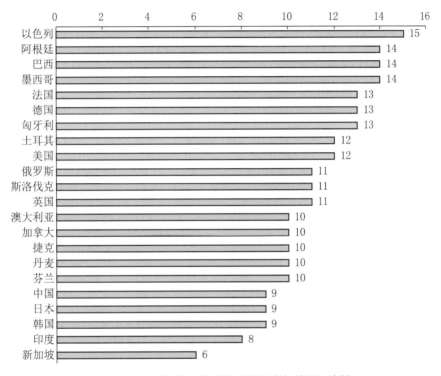

图 5-23　法律框架中保障的义务教育年数国际比较

国际比较数据显示，2021 年，高收入国家义务教育年限平均为 10 年，中高收入国家义务教育年限平均为 10 年（2020 年）；2021 年经合组织成员国义务教育年限平均为 11 年；欧盟成员国 2020 年的数据显示，义务教育年限平均为 10 年。从具体国家来看，2021 年，美国义务教育年限为 12 年、英国为 11 年、德国为 13 年、法国为 13 年、以色列为 15 年、意大利为 12 年、芬兰为 10 年、俄罗斯为 11 年、加拿大为 10 年；此外，2020 年，日本的义务教育年限为 9 年、韩国为 9 年、新加坡为 6 年、印度为 8 年。由以上数据来看，欧美义务教育绝大多数为 13 年，少数在向 15 年过渡。在美国，公立学校提供的基础教育统称为 K-12 教育，是从幼儿园到高中 12 年级一共 13 年免费义务教育的总称。义务教育是国家统一实施的所有适龄儿童、少年必须接受的教育，是国家必须予以保障的公益性事业。目前我国还处在社会主义初级阶段，这个阶段办任何事情都要从初级阶段最大的国情出发考虑，国家实行九年义务教育制度，符合目前我国的基本国情。

二是关于法律框架中保障的学前教育的年数。我国《幼儿园工作规程》规定，幼儿园是对 3 周岁以上学龄前幼儿实施保育和教育的机构。幼儿园教育是基础教育的重要组成部分，是学校教育制度的基础阶段。幼儿园适龄幼儿一般为 3 周岁至 6 周岁。幼儿园一般为三年制。与义务教育年限的特征相似，全球不同国家由于学制的不同，幼儿园的年限规定也不尽相同（见图 5-24），甚至对于是否将幼儿学前教育纳入义务教育也是根据各国的历史传统、国情和教育发展的现实情况进行区别化设计和规定的。

三是将教育资源重新分配给弱势人群的供资机制。从帮助学生个体的角度而言，目前我国已有基本完善的覆盖全学段学生资助体系，通过"奖、助、贷、免、勤、补、减"多元政策相结合，实现了资助政策所有学段、所有学校、所有家庭经济困难学生全覆盖。党的十八大以

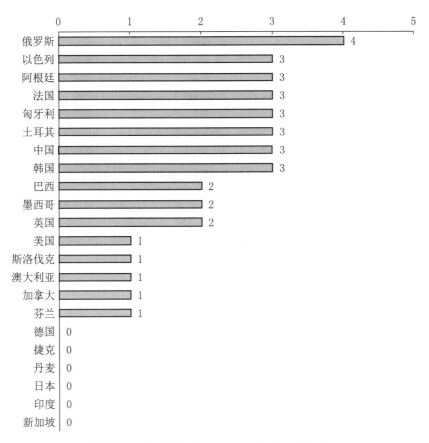

图 5-24 法律框架中保障的学前教育年数国际比较

来，以习近平同志为核心的党中央高度重视学生资助工作，要求"健全学生资助制度""提高家庭经济困难学生资助水平"。教育部深入贯彻落实党中央决策部署，督促指导地方各级政府和学校着力建设高质量学生资助体系，坚持推进精准资助和资助育人，确保"不让一个学生因家庭经济困难而失学"。目前，我国学生资助已形成了投入上以政府资助为主、学校和社会资助为辅，方式上以无偿资助为主、有偿资助为辅，对象上以助困为主、奖优为辅的中国特色学生资助体系。一是资助项目更全，构建了符合国情的资助政策体系；二是资助力度更大，形成了政府投入为主的资助格局；三是资助标准更高，提升了受助学生的生活水平；四是资助范围更广，实现了资助政策从"学前教育到研究生教育所有学段、所有公办民办学校、所有家庭经济困难学生'三个全覆盖'"。①

从地区层面而言，我国教育投入把"三区三州"等原深度贫困地区作为"坚中之坚"优先支持，把建档立卡等深度贫困学生作为"困中之困"优先资助。据统计，国家财政性教育经费用于中西部地区的经费占到50%以上，中央对地方教育转移支付资金用于中西部地区的经费占到80%以上。特别是新增教育经费优先支持实施教育脱贫攻坚行动，原"三区三州"等深度贫困地区的财政性教育经费年均增速达12.2%，超过全国平均水平2.8个百分点，有力助推了"发展教育脱贫一批"。②此外，在考试招生制度改革方面，通过改进招生计划分配方式，促进区域城乡入学机会更加公平。党的十八大以来，我国持续实施支援中西部地区招生协作计划，每年从全国招生计划增量中专门安排部分名额面向中西部地区和考生大省招生。持续实施重点高校招收农村和贫困地区学生专项计划，招生名额从2012年的1万人增至2022年的13.1万人，累计录取学生95万余人，形成了保障农村和贫困地区学生上重点高校

---

① 教育部：《奋力书写人民满意的学生资助答卷——党的十八大以来学生资助改革发展成就》，教育部，http://www.moe.gov.cn/fbh/live/2022/54709/sfcl/202208/t20220830_656378.html，2022年8月30日。
② 周世祥：《这十年——教育经费实现"好钢用在刀刃上"》,《光明日报》2022年9月28日。

的长效机制。① 同时，进一步完善和落实进城务工人员随迁子女升学考试政策，累计已有 168 万余名随迁子女在流入地参加了高考。②

最后是中小学教师过去 12 个月内接受过在职培训的教师百分比。由经合组织 2018 教师教学国际调查结果显示，专业发展已经成为教师职业生涯结构中不可或缺的强制性组成部分，并且具有明显的持续性特征。在经合组织成员国和经济体中，平均有 94% 的教师报告在调查前的 12 个月至少参加了一种类型的专业发展活动。③ 而上海的多个"全球第一"备受瞩目。其中，上海有 83.1% 的教师报告参加过正式入职培训，为所有国家（地区）中比例最高；上海学校 100% 提供"带教活动"，在所有国家（地区）中属于唯一；上海教师过去 12 个月专业发展活动参与率达 99.3%，是比例最高的国家（地区），且参与的专业发展活动类型最多，达 6.4 种，OECD 均值为 3.9 种。④

目前，我国已经建立了较为完善的教师专业发展长效机制。我国自 2010 年起启动"国培计划"，已形成国家、省、市、县区、学校五级培训体系，基本实现了对义务教育学校和教师培训的全覆盖。在"国培计

---

① 崔斌斌：《这十年，中国特色考试招生制度更加完善》，《中国教师报》2022 年 9 月 21 日。

② 教育部：《这十年——十八大以来考试招生制度改革成效》，教育部，http://www.moe.gov.cn/fbh/live/2022/54835/twwd/202209/t20220915_661374.html，2022 年 9 月 15 日。

③ 于莎：《全球教师专业发展的框架、实践特征与趋势：基于 TALIS2018 报告的分析》，《河北大学学报》（哲学社会科学版）2021 年第 2 期。

④ 吴振东：《上海教师 TALIS 调查多项指标世界第一"秘诀"是什么？》，中国政府网，https://www.gov.cn/xinwen/2019-07/04/content_5406345.htm，2019 年 7 月 4 日。

划"引领带动下，中西部很多地区教师培训实现了质的飞跃，教师专业化水平显著提升，积累了"跟岗"、混合研修等切实有效的经验。[①] 此外，从国家政策设计来看，都强调了对教师专业发展的重视和支持。如教育部、中央宣传部、中央编办、国家发展改革委、财政部、人力资源和社会保障部、住房和城乡建设部、国家乡村振兴局八部门联合印发的《新时代基础教育强师计划》提出，要"构建开放、协同、联动的高水平教师教育体系，建立完善的教师专业发展机制，形成招生、培养、就业、发展一体化的教师人才造就模式"；教育部等印发的《义务教育质量评价指南》也提出要进一步加强教师队伍建设和专业发展。中共中央、国务院印发的《关于全面深化新时代教师队伍建设改革的意见》是我国教师队伍建设的里程碑，其中也明确提出"开展中小学教师全员培训，促进教师终身学习和专业发展"。教育部印发的《中小学幼儿园教师培训课程指导标准（义务教育语文、数学、化学学科教学）》，提出要进一步规范和指导各地分类、分科、分层实施五年一周期的教师全员培训。为完善五年一周期的教师全员培训制度，促进教师专业发展，2016 年教育部发布《关于大力推行中小学教师培训学分管理的指导意见》提出，"严格落实教师培训学分作为教师资格定期注册必备条件，每个注册有效期内，教师须完成省级教育行政部门规定的培训学分，方能注册合格"。同时，将教师培训学分作为教师职称评聘、绩效考核、

---

① 余庆：《建立长效机制 让"去基层任教"热起来》，《光明日报》2022 年 9 月 13 日。

评优评先的必备条件；将教师培训学分管理纳入学校办学水平评估、校长考评和县级教育督导的指标体系。① 应该说，国家政策设计和教师专业发展长效机制的不断完善，保证了我国教师，尤其是中小学教师接受在职培训的全覆盖和高百分比。

---

① 教育部：《关于大力推行中小学教师培训学分管理的指导意见》，教育部，http://www.moe.gov.cn/srcsite/A10/s7034/201612/t20161229_293348.html，2016 年 12 月 15 日。

第六章

标杆对照视角下，重大战略区域教育现代化成就与方位

党的二十大报告强调，"深入实施区域协调发展战略、区域重大战略、主体功能区战略、新型城镇化战略，优化重大生产力布局，构建优势互补、高质量发展的区域经济布局和国土空间体系"。[①] 区域重大战略是指党的十八大以来实施的京津冀协同发展、粤港澳大湾区建设、长三角区域一体化发展、长江经济带发展、黄河流域生态保护和高质量发展等一系列国家重大区域发展战略。区域重大战略的实施充分考虑了我国幅员辽阔、人口众多，各地区自然资源禀赋类型多样、差别巨大的客观实际，旨在从不同空间尺度、区域类型和功能定位推动战略重点区域加快发展，发挥对区域经济发展布局的示范引领和辐射带动作用。国家重大区域发展战略是国家重大发展战略的有机组成部分，也是支撑建设现代化经济体系、高质量教育体系的重要内容。

国家区域重大战略的实施，在提升我国国际影响力和竞争力、保持经济稳定增长、重点领域改革先行先试、促进区域协调发展等方面发挥了重要作用。京津冀、长三角、粤港澳大湾区等重大战略区域是我国经

---

① 习近平：《高举中国特色社会主义伟大旗帜　为全面建设社会主义现代化国家而团结奋斗——在中国共产党第二十次全国代表大会上的报告》，《求是》2022 年第 21 期。

济发展最活跃、开放程度最高、创新能力最强、教育现代化水平最高区域的主要代表，在推进中国式教育现代化、实现教育强国建设大局中具有举足轻重的战略地位。因此，根据我国注重自上而下宏观统筹推进和自下而上实践探索的有机结合发展经验，在从国家层面对我国教育现代化主要指标进行国际比较的基础上，对我国重大战略区域教育现代化关键指标表现的国际比较，能够为未来由点到面推进我国整体教育现代化进程、建成教育强国提供基本信息研判及下一步工作重点参考。由于指标数据可获得性的约束，本部分重点对长三角、京津冀、长江经济带和黄河流域4个（"2+2"）国家重大战略区域（简称"四大战略区域"）的教育现代化关键指标表现进行国际比较分析。其中，长三角、京津冀可视为我国教育现代化水平最高的区域之二，长江经济带和黄河流域横跨我国东中西部地区，地区间存在显著的经济和收入的梯度差异，可视为能够代表我国整体情况的战略区域。此外，需要说明的是，由于本书构建的指标体系重点是在国家层面，故此，下文主要对适合在区域层面进行国际比较，①且能够获得可靠数据的指标进行了比较分析，具体指标包括：政府总支出中用于教育的比例、最后一学年毛在学率（小学、初中）、基础教育毛入学/园率、普惠性幼儿园在园幼儿占比、高等教育毛入学率、劳动年龄人口平均受教育年限、成人识字率/文盲率、中小幼教育阶段生均财政保障水平、中小幼教育阶段学生与合格教师的比例、

---

① 譬如"政府教育支出占国内生产总值（GDP）的百分比""高等教育留学生占全球留学生的比例"等指标，不适合在长三角、京津冀、长江经济带、黄河流域等国家重大战略区域层面进行国际比较。

中小幼教育阶段教师平均工资收入、中小学教育阶段专任教师中研究生学历占比等 25 个具体指标。与国家层面的国际比较数据年份相同，重大战略区域层面的国际比较分析也采用 2020 年的数据（特殊说明除外）。

专栏 6-1：国家重大战略区域

京津冀协同发展战略涵盖北京、天津、河北三省市，面积 21.6 万平方公里，常住人口 1.1 亿人，2020 年前三季度实现地区生产总值 6.2 万亿元，增长 0.7%，占全国经济总量的 8.6%。

粤港澳大湾区建设包括香港、澳门特别行政区和珠三角 9 市，面积 5.6 万平方公里，常住人口 0.71 亿人。2020 年前三季度，珠三角 9 市实现地区生产总值 6.3 万亿元，增长 0.8%，占全国经济总量的 8.8%。

长江三角洲区域一体化发展包括上海、江苏、浙江、安徽三省一市，面积 35.8 万平方公里，常住人口 2.3 亿人，2020 年前三季度地区生产总值 17.5 万亿元，增长 2.0%，高于全国 1.3 个百分点，占全国经济总量的 24.3%，正带动整个长江经济带和华东地区发展，加快建设最具影响力和带动力的强劲活跃增长极。

长江经济带涵盖上海、江苏、浙江、安徽、江西、湖北、湖南、重庆、四川、云南、贵州等 11 个省市，横跨东中西三大板块，面积 205 万平方公里，常住人口 6.0 亿人。2020 年，长江经济带前三季度实现地区生产总值 33.5 万亿元，占全国经济总量的 46.6%。

黄河流域从西到东横跨青藏高原、内蒙古高原、黄土高原和黄淮海平原四个地貌单元，黄河流域生态 9 省范围包括黄河干支流流经的青海、四川、甘肃、宁夏、内蒙古、陕西、山西、河南、山东 9 省区相关县级行政区。2020 年前三季度地区生产总值 14.7 万亿元，增长 1.1%，占全国经济总量的 20.4%。

资料来源：国家发展和改革委员会：《发挥"3+2+1"六大区域重大战略对高质量发展的重要引领——2020 年我国区域发展进展和 2021 年发展展望》，https://www.ndrc.gov.cn/xxgk/jd/wsdwhfz/202105/t20210507_1279334.html。

第一节　政府总支出中用于教育的比例明显领先于高收入国家

数据显示，2020 年，四大战略区域政府一般公共预算教育经费占一般公共预算支出比例均较高，长三角、长江经济带分别超过 16%，京津冀和黄河流域均超过了 15%，其中京津冀接近 16%。从以上数据来看，我国重大战略区域在财政投入上均体现并落实了把教育发展放在优先战略位置的国家政策要求。从国际对标数据来看，我国重大战略区域的政府总支出中用于教育的比例分别高于中高收入国家、高收入国家的平均水平，同时也明显高于经合组织、欧盟成员国的平均水平。尽管绝对体量存在悬殊差异，但也一定程度上佐证了我国重大战略区域政府保障教育优先发展的努力程度领先发达国家。如果以联合国《亚的斯亚贝巴行动议程》设定的各国教育经费投入的国际或地区基准为参照，即将

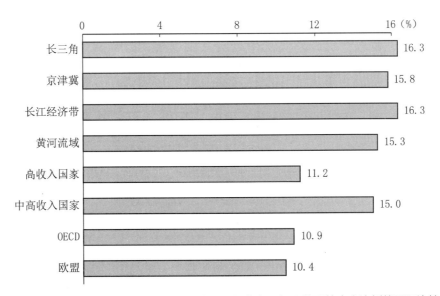

图 6-1　我国重大战略区域一般公共预算教育经费占一般公共预算支出比例的国际比较

至少 15% 至 20% 的公共开支拨给教育，四大战略区域政府总公共支出中用于教育的比例均已达到国际基准。

第二节　学前和义务教育普及程度明显高于高收入国家平均水平

我们党始终坚持教育发展的人民立场，历来强调发展教育为了人民。党的十八大以来，在以习近平同志为核心的党中央坚强领导下，我国义务教育认真践行为党育人、为国育才崇高使命，以均衡发展为战略任务，以促进公平和提高质量为工作重点，聚焦人民群众所急所需所盼，不断完善政策保障体系，努力办好人民满意的教育，充分彰显了以人民为中心发展教育的价值追求。数据显示，我国重大战略区域学前教育毛入园率明显领先高收入国家等国际对标水平；普惠性幼儿园覆盖率远高于高收入和中高收入国家平均水平等国际对标数据；小学五年义务教育巩固率远高于高收入和中高收入国家、经合组织成员国等平均水平；九年义务教育巩固率高于中高收入国家等国际对标数据。

一、学前教育毛入园率明显领先高收入国家等国际对标水平

四大战略区域的学前教育毛入园率均处于超过 90% 的高位，其中长三角学前教育毛入园率甚至接近 100%。从国际对标数据来看，我国重大战略区域学前教育毛入园率分别高于高收入国家、中高收入国家等平均水平，同时还远高于经合组织成员国平均水平，充分体现了以人民为中心的价值取向。但需要提及的是，除长三角接近欧盟国家平均水平外，京津冀、长江经济带和黄河流域等重大战略区域学前教育毛入园率

与欧盟成员国平均水平相比还有一定差距（见图6-2）。

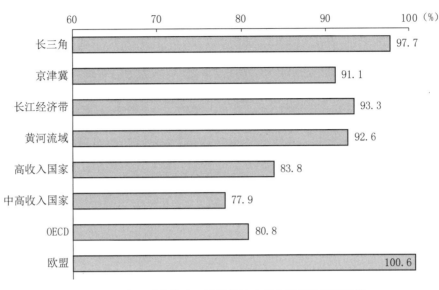

图6-2　我国重大战略区域学前教育毛入园率的国际比较

二、普惠性幼儿园覆盖率远高于高收入国家平均水平等国际对标数据

四大战略区域的普惠性幼儿园覆盖率区域均衡性较高，且均处于超过80%甚至接近90%的高位。从国际对标数据来看，我国重大战略区域普惠性幼儿园覆盖率分别远高于高收入国家、中高收入国家等平均水平，同时还高于欧洲国家、北美国家平均水平（见图6-3）。

三、小学五年义务教育巩固率远高于高收入和中高收入国家、经合组织成员国等国际对标数据

四大战略区域的小学五年义务教育巩固率区域均衡性发展较高，且均处于接近100%的高位。从国际比较数据来看，我国重大战略区域小学五年义务教育巩固率分别高于高收入国家、中高收入国家等平均水平，同时还领先于经合组织、欧盟成员国平均水平（见图6-4）。

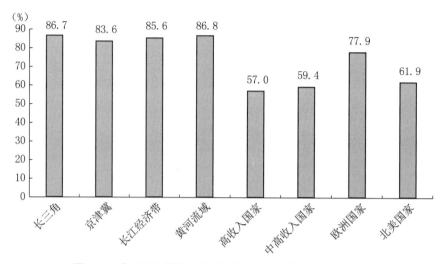

图 6-3　我国重大战略区域普惠性幼儿园覆盖率的国际比较

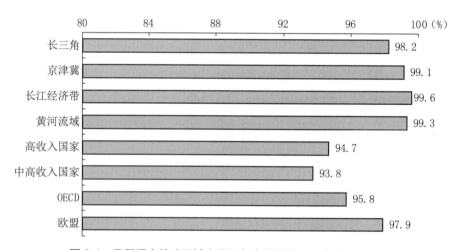

图 6-4　我国重大战略区域小学五年义务教育巩固率的国际比较

四、九年义务教育巩固率高于中高收入国家等国际对标数据

数据显示，长三角、京津冀、长江经济带的九年义务教育巩固率均处于超过 95% 的高位，其中长三角九年义务教育巩固率超过了 100%。但值得注意的是，黄河流域九年义务教育巩固率约为 90%，与长三角、京津冀等区域存在一定差距。从国际比较数据来看，除了黄河流域之

外，其他战略区域九年义务教育巩固率均超过了高收入、中高收入等不同收入水平国家均值，同时也领先于北美国家、欧盟成员国平均水平。需要提及的是，尽管黄河流域九年义务教育巩固率约基本接近中高收入国家平均水平，但与高收入国家、北美国家和欧盟成员国等国际对标数据还存在不容忽视的差距（见图6-5）。

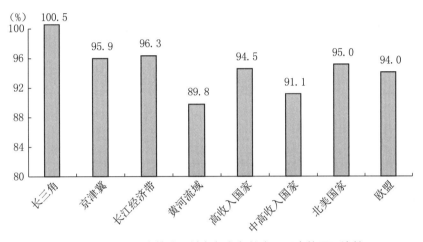

图 6-5　我国重大战略区域九年义务教育巩固率的国际比较

第三节　高中和高等教育毛入学率与高收入国家相比还存在一定差距

高中阶段教育在所有国家都变得日益重要，因为劳动力市场所需的技能越来越以知识为基础，需要工人适应快速变化的不确定性全球经济。[①] 在今后一段时期，应将全面普及高中阶段教育作为推进教育现代化、建设教育强国的国家战略之一。考察强国的教育与经济关系可以清晰地发现：义务教育决定经济起飞，中等教育决定经济成熟，高等教育

① 马晓强、崔吉芳、万歆：《建设教育强国：世界中的中国》，《教育研究》2023 年第 2 期。

决定经济创新。美国在 20 世纪 50 年代率先实现高等教育大众化。作为非西方社会中后发追赶型的代表，日本高等教育 20 世纪 70 年代即在亚洲国家中率先迈入高等教育大众化阶段。韩国高等教育在"二战"后的短短 50 年间便实现了大众化和普及化。[1] 数据显示，我国重大战略区域高中教育阶段毛入学率高于中高收入国家平均水平，但与高收入国家、北美国家和欧盟成员国平均水平相比还有一定差距；高等教育毛入学率[2] 接近或超过中高收入国家平均水平，但与高收入国家、经合组织和欧盟成员国平均水平相比还存在一定的差距和需要进一步努力的空间。在今后一段时期，应将高中阶段与高等教育普及水平作为推进教育现代化、建设教育强国的国家重要战略。

一、高中教育阶段毛入学率高于中高收入国家平均水平

四大战略区域高中教育阶段毛入学率均达到 95% 左右的高水平，且区域间呈现相对均衡的态势。与国际对标数据相比而言，四大战略区域的高中教育阶段毛入学率均超过了中高收入国家平均水平，接近北美国家平均水平，但与高收入国家、欧盟成员国平均水平相比，还有一定差距（见图 6-6）。

---

[1] 中国教育科学研究院课题组：《寻脉教育强国建设国际经验》，《中国教育报》2023 年 4 月 27 日。

[2] 高等教育毛入学率指高等院校在校学生数占高等教育国家规定年龄组人口总数的比例。设置该指标，有利于扩大我国人才培养规模和人力资源供给规模，支撑产业转型升级和高质量发展。

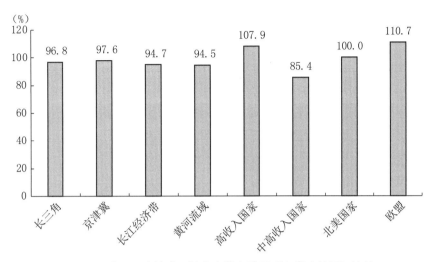

图 6-6　我国重大战略区域高中教育阶段毛入学率的国际比较

二、高等教育毛入学率接近或超过中高收入国家平均水平

与四大战略区域在学前幼儿教育和义务教育阶段的毛入学率呈现总体高位均衡的态势不同，四大战略区域高等教育毛入学率存在一定差异。国际上通常认为，高等教育毛入学率在 15% 以下时属于精英教育阶段，15%—50% 为高等教育大众化阶段，50% 以上为高等教育普及化阶段。尽管四大战略区域的高等教育均已进入普及化阶段，但相比黄河流域和长江经济带而言，京津冀和长三角的高等教育毛入学率更高，后二者的高等教育毛入学率均超过了 60%，甚至接近 70%。从国际比较数据来看，四大战略区域的高等教育毛入学率接近或超过了中高收入国家平均水平，其中长江经济带、黄河流域高等教育毛入学率接近中高收入国家平均水平，京津冀、长三角的高等教育毛入学率均超过了中高收入国家平均水平。但需要清醒认识到的是，四大战略区域的高等教育毛入学率与高收入国家平均水平、经合组织和欧盟成员国平均水平相比仍存

在需要进一步努力提升的空间（见图6-7）。

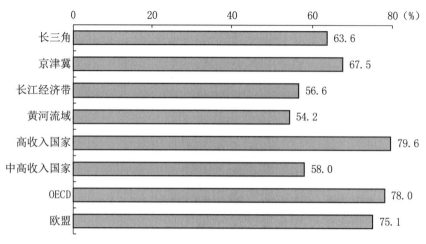

图6-7　我国重大战略区域高等教育阶段毛入学率的国际比较

第四节　师资队伍保障水平接近或已超高收入国家

强教必先强师。教师是教育发展的第一资源，是国家富强、民族振兴、人民幸福的重要基石。党和国家历来高度重视教师工作。党的十八大以来，以习近平同志为核心的党中央将教师队伍建设摆在突出位置，作出一系列重大决策部署，教师队伍建设取得显著成就。习近平总书记在中共中央政治局就建设教育强国进行第五次集体学习时强调，要把加强教师队伍建设作为建设教育强国最重要的基础工作来抓，健全中国特色教师教育体系，大力培养造就一支师德高尚、业务精湛、结构合理、充满活力的高素质专业化教师队伍。[①] 面对新方位、新征程、新使命，我国重大战略区域教师队伍建设还不能完全适应，与发达国家相比还存

---

① 习近平：《加快建设教育强国　为中华民族伟大复兴提供有力支撑》，《人民日报》2023年5月30日。

在一定距离。如，教师素质能力和专业化水平需要进一步提高，教师特别是中小学教师地位待遇有待提高等。

一、中小幼师资队伍规模保障水平接近或已超过高收入国家

（一）在学前教育阶段，幼儿园生师比达到或超过高收入国家平均水平

从数据表现来看，四大战略区域的幼儿园生师比仍存在一定的区域差异。长江经济带和黄河流域的幼儿园生师比均要高于长三角、京津冀地区，其中长江经济带的幼儿园生师比最高，京津冀相对较低。从国际比较数据来看，四大战略区域的幼儿园生师比均明显优于中高收入国家平均水平，其中黄河流域、京津冀、长三角的幼儿园生师比均达到或明显优于高收入国家平均水平。相比经合组织、欧盟等发达国家而言，京津冀、长三角的幼儿园生师比均优于经合组织成员国平均水平；此外，京津冀区域基本达到欧盟成员国平均水平（见图6-8）。

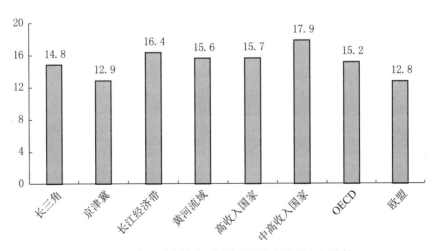

图6-8 我国重大战略区域幼儿园生师比的国际比较

（二）在小学教育阶段，生师比均优于中高收入国家平均水平

数据显示，四大战略区域的小学生师比基本在 16：1 左右，相比京津冀、黄河流域而言，长三角和长江经济带的小学生师比较高。从国际对标数据来看，四大战略区域的小学生师比均优于中高收入国家平均水平，其中京津冀小学生师比接近经合组织成员国平均水平。但值得注意的是，四大战略区域的小学生师比与高收入国家、欧盟成员国平均水平还存在一定的差距和进一步提升的空间（见图 6-9）。

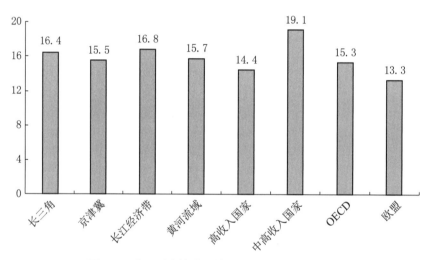

图 6-9　我国重大战略区域小学生师比的国际比较

（三）在初中教育阶段，生师比均优于高收入、中高收入国家平均水平，且同时优于经合组织成员国平均水平

从数据表现来看，四大战略区域的初中生师比存在略微的区域差异。与幼儿园生师比的区域特点相似的是，长江经济带和黄河流域的初中生师比均要高于长三角、京津冀地区，其中长江经济带的初中生师比最高，京津冀则相对较低。从国际比较数据来看，四大战略区域的初中

生师比均优于中高收入国家、高收入国家，以及经合组织成员国平均水平；同时，京津冀初中生师比还低于欧盟国家平均水平，但长三角、长江经济带和黄河流域等我国重大战略区域的初中生师比与欧盟成员国平均水平相比还有一定差距（见图6-10）。

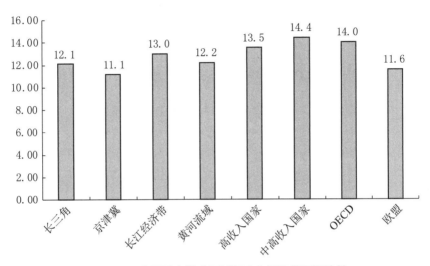

图 6-10　我国重大战略区域初中生师比的国际比较

（四）在普通高中教育阶段，生师比均优于中高收入国家、经合组织成员国平均水平

从数据表现来看，四大战略区域的高中生师比存在一定的区域差异。相比长三角、京津冀而言，长江经济带和黄河流域高中生师比相对较高；其中长江经济带高中生师比是四大战略区域中最高的，京津冀则为最低值。从国际对标数据来看，四大战略区域的高中生师比均优于中高收入国家、经合组织成员国平均水平；同时，除长江经济带外，长三角、京津冀、黄河流域高中生师比也均优于高收入国家平均水平；此外，长三角、京津冀高中生师比还均优于欧盟国家平均水平（见图6-11）。

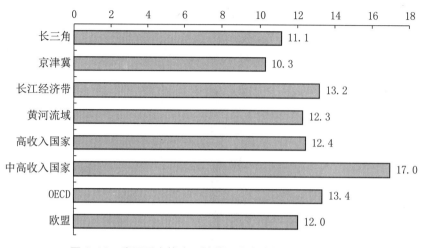

图6-11　我国重大战略区域普通高中生师比的国际比较

二、中小学专任教师研究生学历占比与发达国家相比还存在一定差距

虽然近年来我国中小学师资队伍保障水平取得了长足提升，但能力建设仍存在一定提升空间。从中小学教育阶段的专任教师中研究生学历占比较高的普通高中阶段来看，四大战略区域的普通高中专任教师中研究生学历占比存在一定的区域差异。黄河流域和长江经济带普通高中专任教师中研究生学历占比基本相当，且均低于长三角和京津冀。在四大战略区域中，京津冀普通高中专任教师中研究生学历占比最高，而黄河流域在该指标的数据表现最低。从国际比较数据来看，德国、芬兰、葡萄牙普通高中教育阶段教师研究生学历所占比例均已经接近或达到100%的高位水平，此外，美国、英国在该指标的数据也均超过60%。相比而言，四大战略区域的普通高中专任教师中研究生学历占比低于法国、韩国，远低于德国、美国、英国等发达国家（见图6-12）。

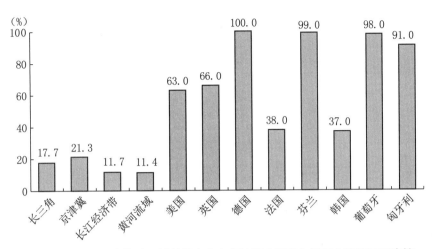

图 6-12　我国重大战略区域普通高中专任教师中研究生学历占比的国际比较

从义务教育阶段专任教师中研究生学历所占比例来看，我国重大战略区域与发达国家也存在一定的差距。四大战略区域的义务教育阶段（初中和小学）专任教师学历结构中研究生所占比例存在一定的区域差异，具体而言，黄河流域义务教育阶段专任教师中研究生学历占比为最低值，其次为长江经济带，京津冀为最高值。总体而言，黄河流域和长江经济带义务教育专任教师研究生学历占比低于长三角和京津冀区域。从国际比较数据来看，四大战略区域的义务教育阶段（初中和小学）专任教师学历结构中研究生所占比例均与美国、英国、德国、法国等发达国家存在较为明显的差距（见图 6-13）。

三、中小幼教师平均工资收入水平与发达国家相比还存增长的空间

从中小幼教师平均工资收入水平来看，我国重大战略区域与发达国家相比仍存在较为明显的差距。以初中教师平均工资收入水平为例，2020 年四大战略区域的初中教师平均工资收入整体位于 2 万—3 万购买

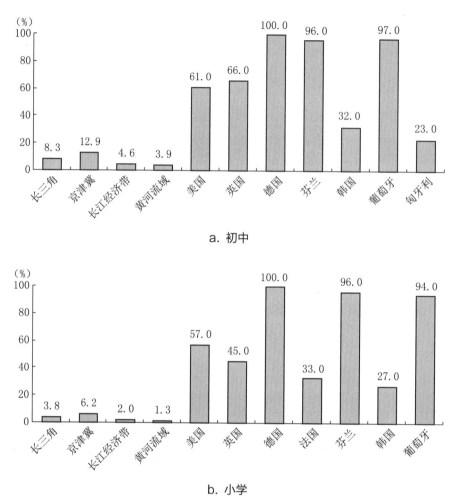

a. 初中

b. 小学

图 6-13　我国重大战略区域义务教育阶段专任教师中研究生学历比例国际比较

力平价美元（PPP$），区域间存在一定的差距。具体而言，黄河流域初中教师平均收入水平最低，其次为长江经济带，长三角初中教师平均工资收入是四大战略区域中的最高者，与最低者黄河流域初中教师工资收入相差约 1.3 万购买力平价美元。从国际比较数据来看，四大战略区域初中教师平均工资收入水平明显低于经合组织、欧盟成员国平均水平，与美国、英国、法国、德国、澳大利亚等发达国家也存在难以忽视的差距（见图 6-14）。

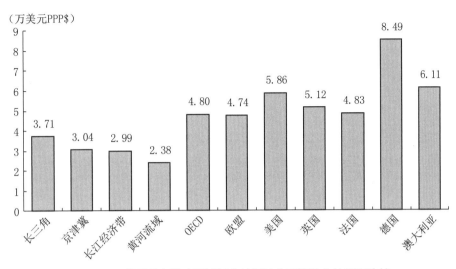

图 6-14　我国重大战略区域初中教师综合工资收入的国际比较

与我国重大战略区域的初中教师平均工资收入水平整体特点相似，高中、小学、幼儿园教师平均工资收入水平也均存在黄河流域和长江经济带低于长三角、京津冀的特点，且黄河流域均为最低值，长三角均为最高值。同时，在与国际比较中，我国重大战略区域高中、小学、幼儿园教师平均工资收入水平与经合组织、欧盟成员国平均水平，以及与美国、英国、法国、德国、澳大利亚等发达国家相比也均存在一定的差距。

第五节　人力资源开发水平达到或超过中高收入国家平均水平

我国重大战略区域劳动年龄人口平均受教育年限已达到或超过中高收入国家平均水平，文盲率已明显低于中高收入国家平均水平，但每十万人口在校大学生数与发达国家相比还存在进一步努力的空间。

"十四五"期间我国人力资源发展可能出现的趋势是：人口老龄化加快，劳动年龄人口持续减少，但我国劳动年龄人口平均受教育年限预计将提高到 11 年以上，能够为经济高质量发展提供更有力的支撑。

一、劳动年龄人口平均受教育年限 [1] 已达到或超过中高收入国家平均水平

从数据表现来看，四大战略区域的劳动年龄人口平均受教育年限存在一定的区域差异。相比长三角、京津冀而言，长江经济带和黄河流域劳动年龄人口平均受教育年限较低，其中黄河流域最低，京津冀最高。从国际对标数据来看 [2]，四大战略区域的劳动年龄人口平均受教育年限均已达到或超过中高收入国家平均水平，但与高收入国家、经合组织和欧盟成员国平均水平相比还存在一定差距，我国重大战略区域劳动年龄人口平均受教育年限与发达国家相比还有进一步提升的空间（见图 6-15）。

二、文盲率已明显低于中高收入国家平均水平

我国文盲率是指 15 岁及以上人口中不识字的人口占比。从数据表现来看，四大战略区域之间的文盲率还存在较明显的区域差异，黄河流域文盲率最高，其次为长江经济带和长三角，京津冀文盲率最低。从国际对标数据来看，四大战略区域的文盲率均低于中高收入国家平均水

---

[1] 我国劳动年龄人口平均受教育年限指 16—59 岁人口平均接受学历教育（含成人学历教育、不含非学历培训）的年数。

[2] 国际数据为 25 岁及以上年龄人口平均受教育年限。

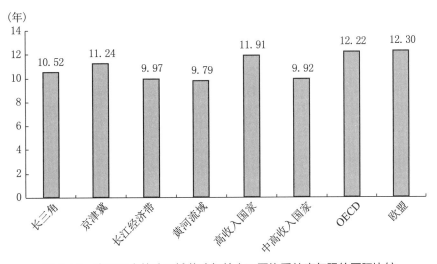

图 6-15 我国重大战略区域劳动年龄人口平均受教育年限的国际比较

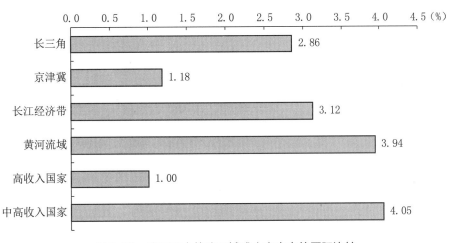

图 6-16 我国重大战略区域成人文盲率的国际比较

平，但除京津冀文盲率接近高收入国家平均水平外，其他区域文盲率与高收入国家平均水平相比还存在值得关注的差距（见图 6-16）。

三、每十万人口在校大学生数与发达国家相比还存在进一步努力的空间

从数据表现来看，四大战略区域的每十万人口在校大学生数还存在较为明显的区域差异。其中，黄河流域每十万人口在校大学生数最低，长三角和长江经济带每十万人口在校大学生数基本相当，京津冀在该指标的表现最高。从国际比较数据来看，除黄河流域外，长三角、京津冀、长江经济带每十万人口在校大学生数均超过了日本（2018 年数据），其中京津冀每十万人口在校大学生数已经超过德国，并接近法国。与此同时，与美国（2019 年数据）、澳大利亚、韩国、加拿大等发达国家的表现相比，四大战略区域的每十万人口在校大学生数还有较大的提升空间（见图 6-17）。

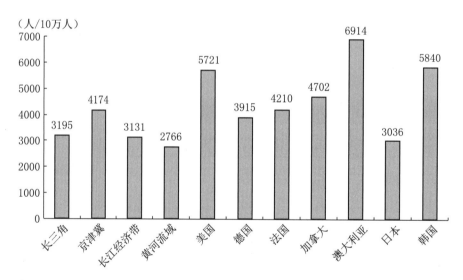

备注：美国为 2019 年数据，日本为 2018 年数据。

图 6-17 我国重大战略区域每十万人口在校大学生数的国际比较

第七章

可持续发展目标4框架下，中国教育发展承诺目标的落实与兑现

2015年9月，第70届联合国大会通过的《2030年可持续发展议程》为未来15年全球各国的发展和国际合作指明了前进方向，擘画了宏伟愿景和蓝图。我国政府高度重视《2030年可持续发展议程》，2016年十二届全国人大四次会议通过的"十三五"规划，将可持续发展议程与我国国家中长期发展规划进行了有机结合。为指导和推动可持续发展议程的落实工作，我国特别制定并发布了《中国落实2030年可持续发展议程国别方案》，该方案分析了我国推进落实可持续发展议程面临的机遇和挑战，明确了我国推进落实2030年可持续发展相关工作的指导思想、总体原则和实施路径，并详细阐述了中国未来一段时间落实17项可持续发展目标和169个具体目标的方案。

2016—2020年是全世界落实联合国《2030年可持续发展议程》的第一个五年，也是我国推进"十三五"规划、决胜全面建成小康社会的五年。"十三五"期间，我国在以习近平同志为核心的党中央的坚强领导下，坚持以人民为中心的发展思想，遵循创新、协调、绿色、开放、共享的发展理念，认真落实《中国落实2030年可持续发展议程国别方

案》中的各项任务要求，持续推进联合国 2030 年可持续发展议程的各项任务，在多个可持续发展目标上取得积极进展，同时与国际社会一道，坚定走互利共赢、共同发展的道路，力所能及地协助其他国家推进可持续发展。

就教育领域而言，我国将联合国 2030 年可持续发展议程的落实工作同"十三五"规划、"十四五"规划，以及《中国教育现代化 2035》等中长期发展战略有机结合，合力推进中国教育现代化进程。我国遵循"教育优先发展"的基本战略，持续加大财政投入，针对可持续发展目标 4 的各项具体目标采取精准、有针对性的举措，努力推动我国教育事业改革发展更加凸显包容、公平、优质的特征，扎实推进《2030 年可持续发展议程》有效落实。近年来，尤其是党的十八大以来，我国各级各类教育事业发展取得了新进展，教育公平和质量实现较大提升，教育事业取得历史性成就、发生历史性变革。下文将以《中国落实 2030 年可持续发展议程国别方案》中有关"目标 4：确保包容和公平的优质教育，让全民终身享有学习机会"的落实举措为主要参照，从纵向发展的角度和 2030 年可持续发展教育目标承诺兑现的视角，分析近年来，包括"十三五"期间我国教育现代化进展及 2030 年可持续发展教育目标承诺兑现与落实的情况。

第一节　义务教育迈进优质均衡阶段

2016—2020 年，中央财政投入城乡义务教育保障经费超过 6000 亿

元，其中 2020 年为 1371 亿元。2020 年，全国共有义务教育阶段学校
21.1 万所；专任教师 1029.5 万人，比 2010 年增长 12.6%；在校生 1.56
亿人，比 2010 年增长 2.8%。2016—2020 年，基础教育毛（净）入学
率 ① 一直保持高位，且稳中有升；小学升学率保持在 98% 以上；2020
年，九年义务教育巩固率达到 95.2%，2021 年进一步提高至 95.4%。
2020 年底，我国义务教育阶段建档立卡脱贫家庭学生辍学实现动态清
零，历史性地彻底解决了义务教育阶段长期存在的因贫辍学问题。

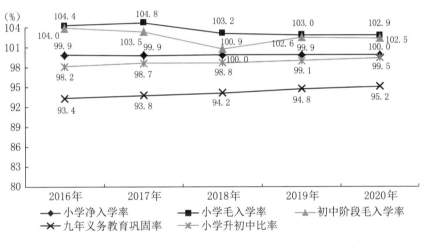

图 7-1 义务教育普及化主要指标数据（2016—2020 年）

整体实现了县域内义务教育基本均衡发展。扎实推进并实现义务教
育均衡发展是我国政府作出的重大战略部署，也是我国义务教育法明确
规定的法律要求。2012 年，国务院出台《关于深入推进义务教育均衡发

---

① 毛入学率是指某一阶段教育不分年龄的在校学生总数占该级教育国家规定年龄组
人口数的百分比；由于包含非正规年龄组（低龄或超龄）学生，毛入学率可能会
超过 100%。净入学率是指某一阶段教育在校学龄人口数占该级教育国家规定年
龄组人口数的百分比（按各地不同入学年龄和学制分别计算）。

展的意见》，明确提出"到 2020 年，全国实现基本均衡的县（市、区）达到 95%"的目标。为督促地方各级政府切实落实义务教育责任，加快推进义务教育均衡发展，我国建立了县域义务教育基本均衡发展督导评估认定制度，并于 2013 年正式启动了国家督导评估认定工作。2020 年底，全国累计有 26 个省（自治区、直辖市），共 2809 个县（市、区）实现基本均衡发展，占比达到约 97%。全国 31 个省（自治区、直辖市）和新疆生产建设兵团的所有县在 2021 年底均实现了县域义务教育基本均衡发展。[1] 这是继 2011 年全面实现"两基"（基本普及九年义务教育和基本扫除青壮年文盲）后，我国义务教育改革发展进程中的又一重要里程碑。

城乡学校办学条件差距实现有效缩小。2016—2020 年，我国财政性义务教育经费一半以上用于中西部地区，其中，中央财政义务教育转移支付资金超过八成用于支持中西部地区，并重点向革命老区、边疆地区、民族地区和贫困地区倾斜。2019—2020 年，中央财政每年投入约 300 亿元，支持地方实施义务教育薄弱环节改善与能力提升工程，着力推进城乡义务教育学校办学条件差距实现逐步缩小。统计数据显示，2012—2021 年，全国义务教育学校生均教学及辅助用房面积从 3.7 平方米增至 5 平方米，生均体育运动场占地面积从 7.3 平方米增至 8.2 平方米，生均教学仪器设备值从 727 元增至 2285 元，互联网接入率由 25%

---

[1] 教育部：《确保到 2035 年实现优质均衡的义务教育》，光明网，https://edu.gmw.cn/2022-09/09/content_36015554.htm，2022 年 9 月 9 日。

提升到近100%，大班额比例由17.8%降至0.71%，超大班额现象基本消除。① 通过以上举措，我国义务教育学校办学条件得到根本改观，全面改善了贫困地区义务教育薄弱学校基本办学条件，特别是许多中西部农村地区学校办学条件实现质的飞跃，全国县域内义务教育学校基本办学条件的校际差距、城乡差距均大幅缩小，加快推进了义务教育优质均衡发展和城乡一体化建设。

义务教育阶段生均经费保障水平稳步提高。在整合农村义务教育经费保障机制和奖补政策的基础上，我国逐步建立健全了以农村为重点、城乡统一的义务教育经费保障机制。统计数据显示，我国小学生均经费支出由2012年每生每年7400多元，提升至2021年的每生每年近15000元，基本实现了翻一番；初中生均经费支出从每生每年10000多元提高至近21000元，增幅超过1倍之多。同时，经过多次提标，实现了我国东中西部统一的初中和小学生均公用经费标准，义务教育阶段特殊教育生均公用经费补助标准提高至普通学生的8倍以上，"两免一补"② 政策实现城乡学生全覆盖。此外，针对家庭经济困难学生的资助基本实现应助尽助，并优先将特困供养、孤儿、建档立卡、残疾等学生全部纳入资助范围。营养改善计划每年惠及近4000万名农村学生，受

---

① 教育部：《党的十八大以来义务教育改革发展成效》，教育部，http://www.moe.gov.cn/fbh/live/2022/54598/sfcl/202206/t20220621_639114.html，2022年6月21日。

② "两免一补"指免除学杂费、免费提供教科书，为家庭经济困难学生发放生活补助。

益学生的体质健康合格率得到显著提升。①

在保持义务教育全面普及水平的同时，我国基础教育质量也实现明显提升。2015—2020 年我国开展了两轮义务教育质量监测，监测学科（领域）包括语文、数学、科学，以及德育、体育和艺术教育，每年监测两个学科（领域），四年级和八年级在校生为监测对象。两轮的监测结果显示，四年级和八年级学生在语文、数学、科学学科中达到中等以上水平的比例基本稳定在 80% 左右，两轮监测整体优秀比例略有提高。2021 年 9 月，我国政府发布《国家义务教育质量监测方案（2021 年修订版）》，启动新一轮义务教育质量监测工作。此外，根据经合组织公布的 2018 年国际学生评估项目（PISA2018）测试结果，在全部 79 个参测国家（地区）对 15 岁学生的抽样测试中，我国四省市（北京、上海、江苏、浙江）作为一个整体取得全部 3 项科目（阅读、数学、科学）参测国家（地区）第一的好成绩，在阅读、数学和科学上的能力表现达到基础水平及以上的比例分别为 94.8%、97.6% 和 97.9%，在参测国家（地区）中均排名第一。②

义务教育阶段师资队伍建设水平得到明显改善。以农村学校教职工配备标准为重点，通过提升中小学学校教职工编制配备标准，实施中小学教职工编制城乡、区域统筹和动态管理。针对农村教师队伍建设短

---

① 唐芊尔：《县域均衡发展，让更多孩子"上好学"》，《光明日报》2022 年 6 月 22 日。
② 王家源：《三项第一！最新 PISA 测试结果发布》，教育部，http://www.moe.gov.cn/jyb_xwfb/s5147/201912/t20191205_410921.html，2019 年 12 月 5 日。

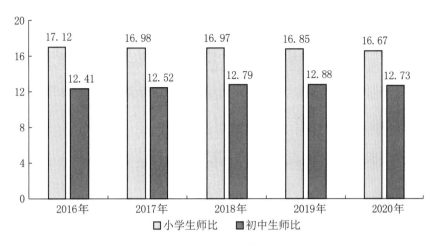

图 7-2　义务教育阶段生师比（2016—2020 年）

板，我国实施了"乡村教师支持计划（2015—2020）"，并通过持续开展"特岗计划""国培计划""'三区'人才支持计划教师转型""银龄讲学计划""优师计划"和"乡村教师生活补助"（简称"五计划一补助"），着力破解农村师资薄弱问题。2021 年我国义务教育专任教师总数达到1000 多万，与 2011 年相比幅度超过 10 个百分点；本科以上学历教师占比由不足 1/2 大幅提升至近八成之多。其中，2021 年全国小学教育阶段专任教师规模相比 2011 年增加了近 100 万人，超过 660 万人；初中教育阶段专任教师与 2011 年相比增加了近 45 万人，达到近 400 万人；从生师比来看，小学教育阶段生师比由 2011 年的 17.7∶1 优化下降到2021 年的 16.3∶1，初中教育阶段生师比由 2011 年的 14.4∶1 优化下降到 2021 年的 12.6∶1。可以说，在"十三五"期间，我国义务教育阶段师资队伍规模得到了明显增加，总体上义务教育阶段师资队伍基本满足了日常教育教学工作需要。

第二节 公益普惠性学前教育资源覆盖面持续扩大

《中国儿童发展纲要（2011—2020 年）》发布实施以来，我国连续开展三期学前教育行动计划，不断扩大普惠性学前教育资源供给，提升保育教育质量，目前我国基本建成广覆盖、保基本、有质量的学前教育公共服务体系。

着力扩大普惠性学前教育资源，幼儿资助制度进一步巩固健全。2020 年，全国财政性学前教育经费达到 2500 多亿元，比 2011 年增加了逾 5 倍之多；2020 年财政性教育经费占比比 2011 年提高了近 4.0 个百分点，提高至 5.9%。10 年间，中央财政支持学前教育发展专项资金明显增加，为学前教育发展提供了坚实的基础保障。[①] 同时，学前教育资助制度进一步健全，各级财政在 2012—2021 年期间共计资助家庭经济困难幼儿达 6200 多万人次，有效保障了家庭经济困难儿童、孤儿和残疾儿童切实公平享有接受学前教育的权利。[②]

学前幼儿教育资源供给进一步丰富多元，基本形成以普惠性资源为主体的幼儿园体系。2021 年我国幼儿园数达到近 30 万所，与 2011 年相比增加了近八成之多，较为有力地保障了适龄幼儿入园需求。[③] 2020

---

① 牛楠森、李红恩：《基础教育是全社会的事业——习近平总书记关于教育的重要论述学习研究之八》，《教育研究》2022 年第 8 期。

② 孙亚慧：《"幼有所教" 奠基未来》，人民网，http://edu.people.com.cn/n1/2022/0516/c1006-32422022.html，2022 年 5 月 16 日。

③ 靳晓燕：《学前教育这十年：公益普惠底色更加鲜明》，《光明日报》2022 年 4 月27 日。

年小学招生中接受学前教育的比例达到 99.5%，比上年提高 0.2 个百分点 ①，入园难问题得到逐步缓解。我国学前教育毛入园率持续提高，2021 年全国学前幼儿教育毛入园率相比 2011 年增长了 25.8 个百分点，达到 88.1% 的历史性新高，学前教育实现了基本普及。② 同时，我国学前教育城乡、区域差距实现了明显缩小。2011—2021 年全国新增设幼儿园约六成分布在农村、约八成集中在中西部地区；毛入园率增长幅度排在全国前列的 13 个省份均为中西部地区，尤其是"三区三州"等原深度贫困地区的入园率也得到大幅度明显提升。③

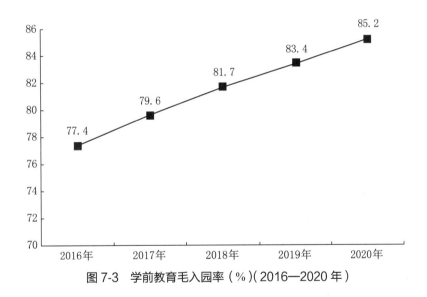

图 7-3 学前教育毛入园率（%）（2016—2020 年）

① 教育部：《中国教育概况——2020 年全国教育事业发展情况》，教育部，http://www.moe.gov.cn/jyb_sjzl/s5990/202111/t20211115_579974.html，2021 年 11 月 15 日。

② 教育部：《十八大以来学前教育改革发展成效》，教育部，http://www.moe.gov.cn/fbh/live/2022/54405/sfcl/202204/t20220426_621796.html，2022 年 4 月 26 日。

③ 叶雨婷：《从"入园难"到"上好园"的十年跨越》，《中国青年报》2022 年 6 月 1 日。

同时，我国学前教育资源结构发生格局性变化。2020 年，全国共有幼儿园 29.2 万所，其中普惠性幼儿园有 23 万多所，占全国幼儿园比重超过八成；普惠性幼儿园在园幼儿近 4100 万人，占全国在园幼儿比重为 84.74%。2021 年全国普惠性幼儿园（包括公办园和普惠性民办园）达到 24.5 万所，占幼儿园总量的 83%，其中公办园 12.8 万所，充分发挥了公办园兜底线、保基本、平抑收费、引领方向的重要作用。2021 年全国普惠性幼儿园在园幼儿占比达到 87.8%，与 2016 年相比增长 20.5 个百分点（2016 年开始统计普惠性幼儿园在园幼儿占比），全国 31 个省份中有 12 个超过 90%，绝大多数幼儿接受普惠性学前教育的现实可及性得到有效保障。① 此外，学前教育公共服务网络逐步完善，2021 年农村普惠性幼儿园覆盖率也超过了 90%，我国城乡学前教育公共服务体系逐渐完善。

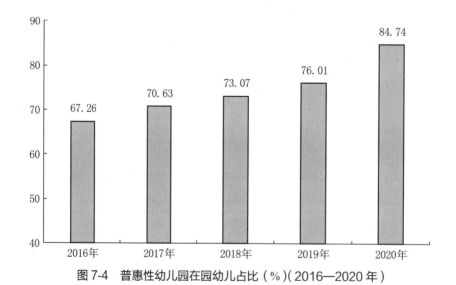

图 7-4　普惠性幼儿园在园幼儿占比（%）（2016—2020 年）

---

① 叶雨婷：《从"入园难"到"上好园"的十年跨越》,《中国青年报》2022 年 6 月 1 日。

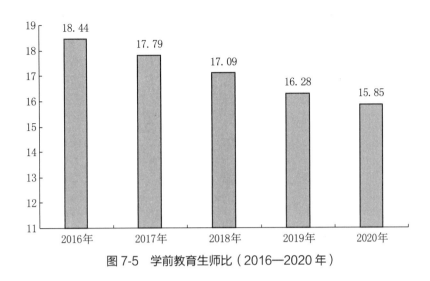

图 7-5　学前教育生师比（2016—2020 年）

学前教育高校教师队伍整体水平不断提升。2011—2021 年，我国学前教育教师培养规模实现了明显扩增。从学前教育师资培养来看，2021 年，我国开设有学前教育专业的高校数达到近 1100 所，学前教育专业毕业生人数超过 26 万人，相比 2011 年分别增加了 1.2 倍和 6.7 倍，以上改革发展成效为持续补充专业化高质量幼儿园师资队伍奠定了坚实基础。与此同时，教师配备基本达标，我国幼儿园生师比从 2011 年的 26∶1 明显优化下降到 2021 年的 15∶1，2016—2020 年呈持续下降的良好态势（见图 7-5）；幼儿园园长和专任教师总数超过 350 万人，与 2011 年相比实现了翻一番还要多，基本达到了"两教一保"的配备标准要求，学前教育师资短缺问题得到基本缓解。同时，教师素质明显提高，学历结构进一步优化，2021 年幼儿园园长及专任教师中专科及以上学历的占比与 2011 年相比大幅提高了 24%，达到近九成之多；学前教育专任教师中受过专业教育的比例相比 2012 年增幅超过 24

个百分点，超过85%。此外，立足职前职后一体化培养体系建设，全国在2012—2020年通过持续开展幼儿园教师"国培计划"，接受专业培训的幼儿园教师超过240万人次，有效促进了幼儿园教师专业水平提升。

第三节　高中阶段教育[①]普及水平进一步提高

通过实施重点支持中西部贫困地区扩大教育资源、改善学校办学条件，高中阶段教育办学规模不断扩大，教育质量稳步提升，高中阶段教育普及取得较大进展。统计数据显示，截至2020年，我国高中教育阶段共计设立学校数超过2.4万所，其中，中职教育学校数逾0.9万所之多；高中教育阶段当年招生人数超过1500万人，在校生数超过4000万人，其中中职教育招生数和在校生数分别占整个高中阶段教育的42.4%和40.0%。2016—2020年，我国高中阶段教育毛入学率[②]增加了近4个百分点。2020年，全国高中阶段毛入学率为91.2%，31个省（自治区、直辖市）的高中阶段教育毛入学率均超过90%，实现了高中阶段教育普及的目标。最新统计数据显示，2021年，我国高中教育阶段毛入学率与2012年相比提升了近7个百分点，进一步提高至91.4%。与此同时，

---

① 高中阶段教育包括普通高中、普通中专、职业高中和技工学校等。

② 高中阶段教育毛入学率指普通高中、成人高中、中等职业学校在校学生数占高中阶段教育国家规定年龄组人口总数的比例。设置该指标，有利于更好满足青少年接受良好高中阶段教育的需求，提升国民素质。"十三五"时期，我国高中阶段教育毛入学率从87.0%提高到91.2%。

我国东中西部地区的高中教育阶段的普及发展区域差距明显缩小。在适龄人口中小学教育完成率方面，我国小学和初中完成率继续保持在高水平，分别达到99.0%和97.1%，与高收入国家基本相当；高中阶段完成率由2015年的66.3%增加至2020年的73.6%，实现了明显提升。随着我国高中阶段教育普及水平的提高，高中阶段教育完成率将会进一步提升。

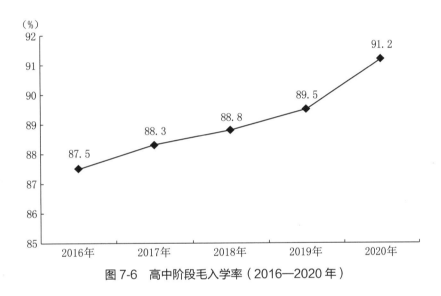

图7-6 高中阶段毛入学率（2016—2020年）

从经费保障来看，我国普通高中的总体投入水平实现了较大幅度的增长。2012年我国普通高中财政性教育经费投入为2300多亿元，2021年这一数字增加至近4700亿元；从增长幅度来看，与2012年相比，2021年我国普通高中财政性教育经费投入实现了翻一番。此外，生均公用经费拨款制度全面建立，2019年，我国首次制定了普通高中生均公用经费不低于1000元的拨款标准，截至目前，全国31个省（自治区、直辖市）的普通高中生均公用经费标准均已实现国家政策规定要求，从而较为有效地保障了高中学校的日常教育教学运转。[①] 同时，我国普通高中家庭经济困难学生的国家资助体系也日益健全。全国每年有约五分之一的普通高中在校生获得政府资助；按照生均每年 1500—2000 元的助学金标准，2012—2021 年共计资助学生数超过 4800 万人次，发放助学金超过 900 亿元。此外，为有效减轻经济困难家庭高中学生的家庭经济负担，我国自 2016 年起进一步实行家庭经济困难高中学生免除学杂费的政策。[②]

通过持续开展普通高中改造计划和教育基础薄弱县普通高中建设工作，有效带动了各级地方政府进一步加大校园建设的投入力度，使得普通高中学校的办学条件获得明显改善。2012—2021 年，全国共计新建改扩建普通高中学校 4500 多所，校舍资源得到快速扩增，2021 年全国普通高中校舍建筑面积达到 6.4 亿平方米，与 2012 年相比增幅达到 52.4 个百分点。在以上工作的基础上，大班额比例大幅下降，2012 年全国普通高中 56 人及以上大班额比例为 47.8%，至 2021 年该比例下降至 4.8%，降幅达到 43 个百分点之多，以上成就为持续深化高中教育教学改革、切实开展选课走班教育教学创造了有利的基础条件。此外，普通高中学校的教学装备条件得到了明显改善，2012 年我国普通高中生均仪器设备值为 2100 多元，截至 2021 年，该指标值达到近 5000 元，

---

① 牛楠森、李红恩：《基础教育是全社会的事业——习近平总书记关于教育的重要论述学习研究之八》，《教育研究》2022 年第 8 期。

② 教育部：《十八大以来普通高中教育改革发展成效》，教育部，http://www.moe.gov.cn/fbh/live/2022/54639/sfcl/202207/t20220705_643408.html，2022 年 7 月 5 日。

相比 2012 年增加了 1.3 倍；体育器械配备达标学校比例、音乐和美术器械配备达标学校比例、理科实验仪器达标学校比例均超过 95%，并分别比 2012 年提高了 10 个百分点左右。2021 年，我国普通高中学校多媒体教室占教室总数比例增加至近八成之多、实现了 100% 的学校联网率，普通高中学校信息化水平进一步提高，国家中小学智慧教育平台提供优质教育资源进一步丰富。[①] 另外，我国部分省市，尤其是实施高考综合改革的省份都投入使用了省级统一的学生综合素质评价电子平台和选课走班信息系统。通过以上改革发展举措，有效促进了信息技术与教育教学的深度融合，为提高学生综合素质、培养创新人才提供了较高水平的基础条件保障。

聚焦教师队伍的重要基础作用，持续加大普通高中高质量教师队伍建设。统计数据显示，2012—2021 年，我国普通高中专任教师规模显著增加，由 2012 年的不足 160 万人增加至 2021 年的 200 多万人，增幅超过 27 个百分点。与此同时，高中生师比优化下降到 12.8∶1，进一步缓解了高考综合改革实施的选课走班所面临的师资紧张难题。此外，高中教师的学历结构实现了不断提升，我国普通高中专任教师硕士研究生及以上学历的教师占比提升至 2021 年的 12.4%，与 2012 年相比实现增幅近 1.5 倍，教师学历合格率增加至 99.0%，[②] 高水平师资队伍建设取得

---

① 教育部：《十八大以来普通高中教育改革发展成效》，教育部，http://www.moe.gov.cn/fbh/live/2022/54639/sfcl/202207/t20220705_643408.html，2022 年 7 月 5 日。

② 周世祥、颜维琦：《新高考，新课程，新评价体系》，《光明日报》2022 年 7 月 6 日。

的成效更好地满足了我国高中教育教学改革的基本需要。

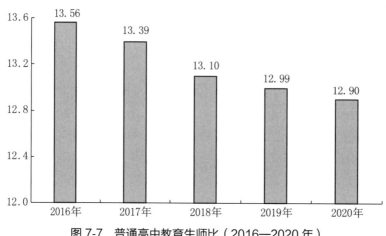

图 7-7　普通高中教育生师比（2016—2020 年）

第四节　不同教育阶段的性别差距基本消除

根据《中国妇女发展纲要（2011—2020 年）》终期统计监测报告，[①] 我国通过连续实施三期学前教育行动计划，以多种形式增加学前教育资源，切实保障了女童平等接受学前教育的权益。从具体数据来看，2020 年我国学前教育（包括幼儿园和附设幼儿班）在园女童人数与 2010 年相比增加了 900 多万人，接近 2300 万人，增长幅度近七成之多，增速与全国在园儿童增长率相比还高出 6 个百分点。从学前教育女童占比来看，2020 年接受学前教育的女童所占比例与 2010 年相比提高近 2 个百分点，达到历史性新高的 47.2%。

---

① 国家统计局：《中国妇女发展纲要（2011—2020 年）》终期统计监测报告，中国政府网，http://www.gov.cn/xinwen/2021-12/21/content_5663667.htm，2021 年 12 月 21 日。

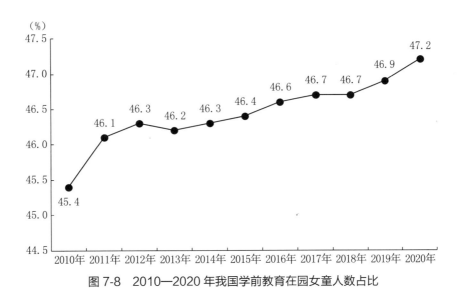

图 7-8 2010—2020 年我国学前教育在园女童人数占比

义务教育阶段性别差距基本得到消除。随着我国城乡一体化发展的持续推进，以及相关法律法规和政策体系的持续健全，尤其是"春蕾计划"等女童专项扶助政策的实施，2011 年以来，我国女童平等享有接受义务教育的权利得到进一步切实保障。小学学龄女童接受义务教育基本实现应上尽上，自 2015 年以来女童义务教育净入学率连续 6 年保持在 99.9% 以上，在义务教育阶段已基本消除性别差距。从九年义务教育阶段来看，2020 年女生在校生人数与 2010 年相比增加了近 200 万人，增幅近 3 个百分点，女生在校生人数占在校生总数的比例达到 46.6%。

在高中教育阶段，随着我国高中教育阶段普及水平不断提升，女生平等享有接受高中教育阶段的机会进一步巩固和加强。2020 年，我国高中教育阶段毛入学率实现了"达到90%"的目标，实际达到91.2%。我国高中教育阶段在校人数中，2020 年女生人数接近 2000 万人，占在校生总数的比例为 46.9%；其中，普通高中女生在校生人数接近 1300 万人，占比达到 50.4%，呈现自 2015 年以来连续 6 年均在半数以上的特点。从高中毕业率来看，性别差距已经从 2000 年的女孩处于弱势（性别均等指数为 0.90）转变为 2021 年的男孩处于劣势（性别均等指数为 1.09）。①由以上来看，我国教育中的性别不平等更多地成为男孩面临的问题。

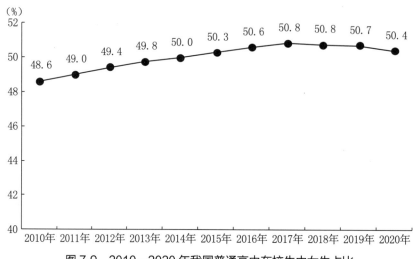

图 7-9　2010—2020 年我国普通高中在校生中女生占比

女性接受高层次高等教育机会不断增加。2011 年以来，我国女性平等接受高等教育得到有力保障。2020 年，我国高等教育在校生中女研究生人数为 159.9 万人，占全部研究生的比重达到 50.9%，比 2010 年提高 3.1 个百分点；普通本专科在校生中女生占比分别为 53.7% 和 47.5%，分别比 2010 年提高 4.0 个和降低 4.9 个百分点。根据 2021 年统计数据来看，我国各类高等教育中女生占比均超过男生，其中高等教育在校生中女研究生占研究生在校总人数的比重为 51.5%，普通本专科、成人

---

① UNESCO: Setting commitments: national SDG4 benchmarks to transform education, UNESCO, https://unesdoc.unesco.org/ark:/48223/pf0000382076，2022 年。

本专科在校生中女生占比分别达到50.2%和57.7%。从发展趋势来看，2010—2020年，我国普通高等教育在校生人数中，女性占研究生、本科教育阶段人数的比例均呈现总体明显增加的态势，相较之下，普通专科在校生中女生占比呈明显下降的趋势，"一升一降"说明我国女性接受高层次高等教育机会得到不断提升。

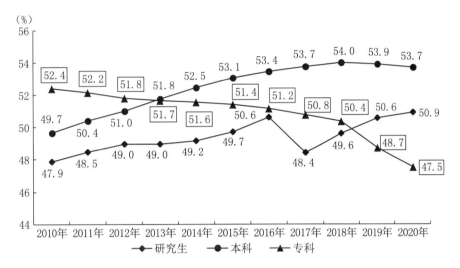

图 7-10　2010—2020 年我国普通高等教育在校生中女生占比

从平均受教育年限来看，我国人口平均受教育年限的性别差距实现了进一步缩小。根据第七次全国人口普查结果来看，我国15岁及以上人口平均受教育年限在2020年超过9.9年。从性别差异来看，男性为10.2年，女性为9.6年，人口平均受教育年限的性别差距由2010年的女性比男性"少0.8年"缩小至"少0.6年"。此外，普查数据还显示，我国人口总文盲率为2.7%，其中女性为4.1%，相比十年前减少了2.1%，文盲率的性别差距由2010年的女性比男性"高4.1%"缩小至

"高 2.8%"。①

第五节 人力资源开发水平进一步提高，高等教育学科结构不断优化

我国高等教育历史性迈入普及化阶段，人均受教育年限持续提高。2020 年，我国有 1.13 万所职业院校，开设约 10 万个专业点，基本覆盖国民经济各大领域。高等教育毛入学率从 2016 年的 42.70% 提高到 2020 年的 54.40%，实现了从大众化向普及化的跨越。劳动年龄人口平均受教育年限从 2015 年的 10.23 年增长到 2020 年的 10.8 年，目前新增劳动年龄人口平均受教育年限达到 13.8 年，相当于已进入高等教育阶段。我国接受高等教育的人口达到 2.4 亿，劳动力素质结构实现了重大优化，全民族素质得到稳步提高。

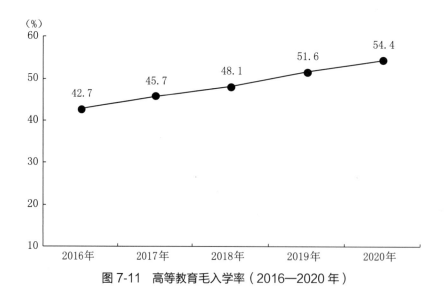

图 7-11 高等教育毛入学率（2016—2020 年）

---

① 国家统计局：《〈中国妇女发展纲要（2011—2020 年）〉终期统计监测报告》，《中国信息报》2021 年 12 月 22 日。

我国15岁及以上人口文盲率持续降低，青年识字率持续提高。如前文所述，文盲率是指文盲人口数与相应年龄组全部人口数的比率。新中国成立后，由于经济社会和教育事业不断发展，我国文盲率的测定标准在不同时期不尽相同。在1956年和1958年我国分别对文盲率测定对象、年龄段人数基数进行适时调整之后，1993年8月修订的《扫除文盲工作条例》规定："个人脱盲的标准是：农民识一千五百个汉字，企业和事业单位职工、城镇居民识两千个汉字；能够看懂浅显通俗的报刊、文章，能够记简单的账目，能够书写简单的应用文。"[①]第七次全国人口普查数据显示，2020年我国15岁及以上人口文盲率下降为2.67%，与2010年的4.08%相比降低了逾三分之一之多。随着我国教育普及水平不断提升，2018年以来，我国15—24岁青年识字率已接近100%。[②]文盲率的降低和识字率的持续改善反映了我国大力普及教育以及扫除青壮年文盲等措施取得了积极成效，人力资源开发水平不断提高，进而为我国经济学质量增长和产业创新发展提供坚实人才支撑和人才红利。

人口学历结构持续优化，具有高等教育文化程度的人数大幅增长。我国历次人口普查数据显示，每十万人拥有的各种受教育程度的人口结构数持续优化提升，每十万人口拥有大专及以上学历的人数由2010年的8930人大幅增长至2020年的15467人，2020年每十万人口拥有大

① 国务院：《扫除文盲工作条例》，中国政府网，https://www.gov.cn/zhengce/2020-12/25/content_5573970.htm，1993年8月1日。

② 梁丹：《十年来我国人口受教育水平明显提高》，《中国教育报》2021年5月12日。

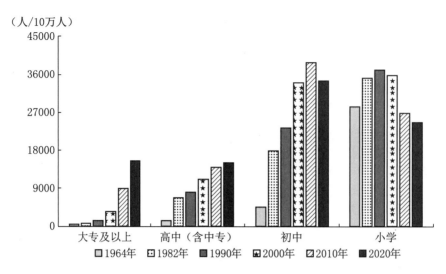

（人/10万人）

数据来源：国务院第七次全国人口普查领导小组办公室：《2020 年第七次全国人口普查主要数据》，中国统计出版社 2021 年版。

图 7-12　历次普查每十万人拥有的各种受教育程度人口

专及以上学历（高等教育文化程度）的人数是 2010 年的 1.7 倍。从我国具有高等教育文化程度的人数来看，根据国家统计局数据，2009 年我国具有高等教育文化程度的人数为 9114 万人，2020 年全国第七次人口普查数据显示我国具有高等教育文化程度的人数为 21722 人。2020 年我国具有高等教育文化程度的人数是 2009 年的 2.38 倍，实现了到 2020 年具有高等教育文化程度的人数比 2009 年翻一番的承诺目标。

高等教育学科专业布局持续优化。我国遵循"四个面向"的总体原则，引导教育发展方向、调整高等教育资源总体布局。鼓励支持高等学校调整专业设置和学科布局，以适应国家战略和区域经济社会和产业发展需求；同时，大力发展职业教育和专业技能培训，为经济社会发展和行业产业转型升级培养输送了大批高素质应用型技术技能人才。一是职业教育与经济社会同步发展的机制基本建立。我国职业教育主动适应经济结构调整和产业变革，围绕产业链条、技术前沿和民生需求，对接新经济、新业态、新技术、新职业，推进专业升级和数字化转型。通过两次调整专业目录，以产业、行业分类为主要依据，基本实现专业大类对

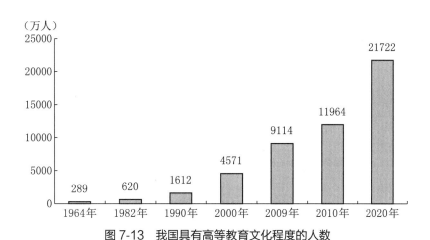

图 7-13 我国具有高等教育文化程度的人数

表 7-1 历次普查全国人口 （单位：万人）

普查年份	合计	男	女	性别比（女=100）
1953 年	58260	30190	28070	107.56
1964 年	69458	35652	33806	105.46
1982 年	100818	51944	48874	106.3
1990 年	113368	58495	54873	106.6
2000 年	126583	65355	61228	106.74
2010 年	133972	68685	65287	105.2
2020 年	141178	72334	68844	105.7

数据来源：国务院第七次全国人口普查领导小组办公室：《2020 年第七次全国人口普查主要数据》，中国统计出版社 2021 年版。

应产业，专业类对应行业，专业对应职业岗位群或技术领域专业目录架构。当前，我国职业学校开设的专业类别和数量，对国民经济的主要领域基本实现了全覆盖，有效实现了人才培养结构与产业行业需求结构的更好匹配，有力地支撑了我国成为全世界唯一拥有联合国产业分类当中全部工业门类的国家。[1]

二是高校学位授予体系、学科专业目录和管理制度得到持续健全。高校积极主动融入国家战略急需和行业产业转型升级，对接新需求主动开展学科专业布局结构的调整优化。[2] 我国通过推进世界一流大学和一流学科（"双一流"）建设计划，一大批学科和一批大学已经跻身世界高校排行榜前列。近十年来，我国本科专业目录根据经济社会和行业产业发展新需求及时进行调整优化，新增设本科专业点约 1.7 万个，与此同时对约 1 万个本科专业点进行撤销或停招，促进了人才培养的学科专业结构与战略性新兴产业的适配度进一步提升。根据国家紧贴服务"四个面向"战略部署和要求，研究生教育持续优化学科专业结构和人才培养类型结构，新增设了网络空间安全、集成电路科学与工程、中医等一批一级学科和专业学位类别，研究生学位类别的学科专业目录，基本覆盖了国民经济和社会发展的主要领域，[3] 研究生教育事业高质量改革发展

---

[1] 吴岩：《历史性成就 格局性变化——高等教育十年改革发展成效》，《中国高等教育》2022 年第 11 期。

[2] 惠梦：《高等教育这十年：成绩斐然 变化卓著》，《中国财经报》2022 年 5 月 19 日。

[3] 李丹：《我国自主培养研究生成科创主力》，《经济日报》2022 年 6 月 15 日。

为党和国家事业高质量发展提供了坚实的高层次人才支撑。此外，理工农医类等重点学科领域得到不断加强，在"双一流"建设高校中，理工农医类学科占比达到近八成之多。[①] 另外，立足建设中国特色哲学社会科学体系，我国持续加强哲学社会科学学科建设，甲骨文等一批具有重要文化价值的"冷门绝学"得到传承发扬；立足国家安全战略和解决"卡脖子"技术，发挥新型举国体制优势，在国家战略急需领域超常规布局集成电路、人工智能、公共卫生等面向国家重大战略需求的人才培养专项，出台针对交叉学科设置和管理办法，对大数据、人工智能、新能源等新兴交叉学科发展进行制度性安排，[②] 成建制地培养国家急需高层次专业人才。同时，采取针对性举措加强党的建设、中共党史、非物质文化遗产、考古学等一批具有国家战略意义的学科专业建设。另外，从服务世界重要人才中心和创新高地建设的战略高度，探索基础学科拔尖人才培养的"中国范式"，全面启动基础学科拔尖计划2.0，在全国一批高水平研究型高校探索创新性基础学科拔尖人才培养机制，初步形成了基础学科拔尖人才的"梯队网络"，为我国加快建设世界重要人才中心和创新高地，走好高质量自主人才培养之路筑牢基础平台。[③]

[①]　教育部：《十八大以来研究生教育改革发展成效》，教育部，http://www.moe.gov.cn/fbh/live/2022/54521/sfcl/202206/t20220614_637227.html，2022年6月14日。

[②]　孙亚慧：《研究生教育：造就高层次人才大军》，人民网，http://edu.people.com.cn/n1/2022/0714/c1006-32474654.html，2022年7月14日。

[③]　吴岩：《历史性成就　格局性变化——高等教育十年改革发展成效》，《中国高等教育》2022年第11期。

第六节　各类特殊和弱势群体受教育权利得到有效保障

通过建档立卡、教育资助、东西协作、定向招生、技能培训等多种方式，有效保障贫困人口接受各级各类教育。同时，为保障残疾人受教育权利，我国先后实施两期特殊教育提升计划，残疾人受教育机会不断扩大，教育普及水平明显提高。2020年，我国共有特殊教育学校超过2200所，专任教师数达到6.6万人，与2010年相比分别增加了31.5个百分点和66.9个百分点；通过各种形式招收特殊教育学生近15万人，在校生数超过88万人，分别比2010年增加了1.3倍和1.1倍。统计数据显示，我国义务教育阶段特殊教育在校学生人数接近87万人，与2010年相比增加了1.1倍。2017—2020年，全面完成第二期特殊教育提升计划。截至2020年底，我国残疾儿童义务教育入学率达到95%以上；特殊教育在校生数达到88万多人，与2016年相比增加38.9万人。整体而言，"十三五"期间我国特殊教育发展水平获得较大提升，人口规模在30万以上县均设立有特殊教育学校，有效保障了家庭经济困难的残疾学生接受从义务教育到高中教育阶段的12年免费教育，如北京、辽宁、江苏、福建、西藏、新疆等部分省（自治区、直辖市）还实现了家庭经济困难残疾学生15年免费教育。[1]此外，在帮助贫困群体方

---

[1]　中国残疾人联合会：《巡礼"十三五"·残疾人事业这五年，残疾人共享全面建成小康社会硕果》，中国网，http://canjiren.china.com.cn/2021-01/15/content_41428190.html，2021年1月15日。

面，每年吸纳8万余名民族地区贫困地区学生到内地就读，共享优质教育资源；持续多年实施"双一流"等重点高校招生农村和贫困地区学生专项计划、支援中西部地区招生协作计划，增加中西部地区农村学生接受优质高等教育资源的机会。同时，重视进城务工人员随迁子女受教育权利。2020年，义务教育阶段随迁子女人数达到1400多万人，其中85.8%的随迁子女在公办学校就读或享受政府购买学位服务。①

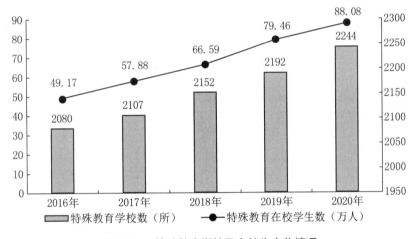

图7-14　特殊教育学校及在校生变化情况

我国已建成中国特色学生资助体系，包括弱势群体在内的每个人受教育权利得到了有效保障。党的十八大以来，教育部会同有关部门，扎实推进党中央相关决策部署的贯彻落实，对地方各级政府学生资助体系进行督导，坚持推进精准资助和资助育人，确保"不让一个学生因家庭

---

① 教育部：《1400余万随迁子女受教育权利如何保障？教育部答问封面新闻》，教育部，http://www.moe.gov.cn/jyb_xwfb/moe_2082/2021/2021_zl25/bd/202104/t20210401_523930.html，2021年3月31日。

经济困难而失学"。目前，我国学生资助已形成了投入上以政府资助为主、学校和社会资金为重要补充，方式上以无偿资助为主、有偿资助为辅，对象上以助困为主、奖优为辅的"奖、助、贷、免、勤、补、减"多元政策相结合的中国特色学生资助体系。具体而言：

符合我国国情教情的学生资助政策体系得到进一步完善健全。近十年以来，我国建立并实施了学前教育资助制度，通过免费配发汉语字典、免除贫困家庭普通高中学生学杂费、设立中职学生国家奖学金、完善研究生国家奖助学金和学业奖学金制度，以及对高校入学新生实施助学贷款等一系列实实在在的政策举措，使得我国学生资助政策体系进一步健全完善。同时，根据经济社会发展及学生受助需求变化等实际情况，对各学段的国家学生资助政策进行了多轮次的调整和完善，并确保资助政策和资金投入优先向欠发达地区和民族地区、中西部地区和特殊困难群体倾斜。①②

资助范围实现了全面覆盖家庭经济困难学生。全面实行城乡义务教育"两免一补"政策，"一补"范围从家庭经济困难寄宿生扩大到非寄宿生，营养改善计划实施范围实现原国家扶贫开发重点县全面覆盖，扩大至中职免学费、高职国家励志奖学金和国家助学金覆盖面，增加

---

① 教育部：《十八大以来学生资助事业改革发展成效》，教育部，http://www.moe.gov.cn/fbh/live/2022/54709/mtbd/202208/t20220830_656605.html，2022 年 8 月 30 日。

② 李丹：《教育公平的阳光遍洒神州大地》，《经济日报》2022 年 9 月 8 日。

本专科生国家奖学金名额，将预科生和科研院所等各类培养单位的研究生等，全部纳入高等教育学生资助政策覆盖范围。十年来，全国累计资助学生近 13 亿人次，年资助人次从 2012 年的近 1.2 亿人次，增加到 2021 年的 1.5 亿人次，资助范围逐步扩大、规模稳步增长，实现了资助政策"所有学段、所有学校、所有家庭经济困难学生"三个全覆盖。①②

在扩大资助覆盖面的同时，依据经济社会发展实际和脱贫攻坚任务要求，各学段的资助标准也实现了逐步提高。在义务教育阶段，对农村义务教育学生营养膳食补助标准进行了两次提高，从每生每天 3 元提高到 5 元，逐步从"吃得饱"向"吃得好"转变；在高中教育（包括中职）阶段，对国家助学金标准进行了调整提高，从平均每生每年 1500 元提高至 2000 元；在高等教育阶段，对本专科生国家助学金标准和博士研究生的国家助学金标准都进行了较大幅度的明显提高，将博士研究生国家助学金标准提高了 3000 元，提高本专科生国家助学金标准从平均每生每年 3000 元到 3300 元；同时，提高国家助学贷款额度，从每生每年不超过 6000 元到本专科生 12000 元，研究生 16000 元。③

---

① 胡浩：《我国十年来累计资助学生近 13 亿人次》，中国政府网，https://www.gov.cn/xinwen/2022-08/30/content_5707433.htm，2022 年 8 月 30 日。

② 李丹：《教育公平的阳光遍洒神州大地》，《经济日报》2022 年 9 月 8 日。

③ 教育部：《十年来，全国学生资助金额累计超过 2 万亿元》，人民网，http://edu.people.com.cn/n1/2022/0830/c367001-32514974.html，2022 年 8 月 30 日。

表7-2 20项教育扶贫全覆盖政策

序 号	政策名称
1	学前教育三年行动计划
2	全面改善贫困地区义务教育薄弱学校基本办学条件
3	农村义务教育学生营养改善计划
4	学前教育资助政策
5	义务教育"两免一补"（免学杂费、免教科书费、寄宿生生活补助）
6	普通高中学生资助政策
7	中等职业教育免学费、补助生活费政策
8	高等教育学生资助政策
9	西藏15年公费教育和新疆南疆四地州14年公费教育
10	教育援藏、援疆政策
11	新疆和援疆省市学校"千校手拉手"活动
12	四川藏区"9+3"免费教育计划
13	高校民族专项招生计划
14	少数民族高层次骨干人才培养计划
15	职业教育团队式对口支援
16	面向贫困地区定向招生专项计划
17	对新疆、西藏高校开展团队式对口支援
18	直属高校定点扶贫
19	《国家贫困地区儿童发展规划（2014—2020年）》
20	《乡村教师支持计划（2015—2020年）》

资料来源：教育部：《联合国2030年可持续发展议程教育目标（SDG4）中国进展报告（2015—2021）》（内部资料）。

学生资助是促进教育公平的基础性工作。从成效来看，我国以政府投入为主、学校和社会资金为重要补充的学生资助体系，为促进教育公平发挥了重要作用。随着我国学生资助政策体系实现逐步的健全和完善、学生资助力度的稳步提高，促使教育公平的理念得到有效落实，充分保障了家庭经济困难学生切实享有公平的受教育机会，有效避免在校学习的家庭经济困难学生因经济问题而无奈辍学。从资助覆盖面的结构来看，原"三区三州"、原集中连片特困地区和民族地区的学生资助比例均远高于全国平均资助比例。

同时，具有中国特色的学生资助体系也为教育脱贫攻坚提供了有力支持。学生资助是脱贫攻坚的重要内容，也是脱贫攻坚的重要阵地之一。10年来，学生资助坚持将建档立卡家庭学生、最低生活保障家庭学生、特困供养学生、孤儿、残疾学生等特殊困难群体作为重点保障对象，结合实际优先给予较高档次资助。[1] 从实际成效来看，学生资助政策有效减轻了脱贫人群家庭的经济负担，切实帮助经济困难家庭的学生顺利完成学业，并最终通过实现稳定就业，为阻断贫困代际传递奠定现实基础。统计数据显示，2020年，我国共对近1500万建档立卡家庭学生进行了资助。在打赢脱贫攻坚战之后，2021年，我国继续资助脱贫家庭和脱贫不稳定家庭学生1400多万人，资助低保家庭学生700多万人、特困救助供养家庭学生10余万人、孤儿学生20余万人、残疾学生100多万人，年资助金额达到570多亿元。[2]

---

[1] 杨飒：《不让一个学生因家庭经济困难而失学》，《光明日报》2022年9月1日。

[2] 教育部：《党的十八大以来学生资助事业改革发展成效》，教育部，http://www.moe.gov.cn/fbh/live/2022/54709/sfcl/202208/t20220830_656378.html，2022年8月30日。

我国的学生资助体系可以说是人民群众共享教育改革发展成果最直接、最温暖的体现和典型缩影。在新冠疫情期间和洪涝等自然灾害发生期，全国各地各校开启"绿色通道"，帮助受疫情灾情影响的学生渡过难关，免除贷款学生 2022 年内应偿还的国家助学贷款利息，惠及 400 多万高校毕业生。① 为进一步减轻家庭经济困难高校毕业生负担，继续免除 2023 年及以前年度毕业的贷款学生 2023 年内应偿还的国家助学贷款利息，本金部分可再申请延期 1 年偿还，延期贷款不计罚息和复利。② 此外，营养改善计划等资助项目的实施，更为中国赢得了国际声誉。世界粮食计划署对 169 个国家的调查结果显示，中国是全球少数同时在中学、小学阶段提供营养餐的国家，学校供餐规模位居前列。世界银行、世界粮食计划署等国际组织认为"在世界范围内，中国农村学生营养改善计划是一项了不起的计划"。③

第七节　教育信息基础设施取得跨越式发展

数字化转型是当前世界范围内教育转型的重要载体和方向。我国高度重视数字教育发展，将其作为数字中国重要组成部分。经过持续多年

① 高毅哲：《2022 年内应偿还的国家助学贷款免息》，《中国教育报》2022 年 6 月 1 日。

② 财政部　教育部　人民银行　银保监会：《关于做好 2023 年国家助学贷款免息及本金延期偿还工作的通知》，中国政府网，https://www.gov.cn/zhengce/zhengceku/2023-04/19/content_5752221.htm，2023 年 4 月 14 日。

③ 《国际组织高度评价我国农村学生营养改善计划》，中国政府网，https://www.gov.cn/govweb/gzdt/2012-10/22/content_2248838.htm，2012 年 10 月 22 日。

的努力，我国教育信息化、数字化转型实现跨越式发展，中小学数字化教育教学条件实现全面改善升级，整体上基本形成了网络覆盖完全、线下多媒体教学空间和网络教学空间多元有机融合的泛在化学习环境，为我国教育现代化改革发展和扎实推进教育数字化转型战略奠定了坚实的基础保障。

基础教育阶段学校的基本设施配置完备。2020 年，基础教育阶段能提供基本公共卫生设施的学校比例为 99.2%。教育信息化水平迅速提升。新冠疫情期间，较高的教育信息化水平保证了"停课不停学"；全国尤其是中西部地区教育信息化水平在此期间得到进一步提升。截至 2020 年底，全国中小学（含教学点）互联网接入率从 2015 年的 69.3% 上升到 100%，98.35% 的中小学拥有多媒体教室。[①] 全国小学、初中每百名学生拥有数字终端数分别较十年前均实现了明显的增加。[②] "十三五"期间，我国通过完成全国中小学教师信息技术应用能力提升工程，累计培训 1000 多万名教师。当前，全国有超过 80% 的中小学学科教师利用信息技术开展教学活动。[③] 国家数字教育资源公共服务体系已接入各级平台 221 个，30 多个省级平台全部接入国家体系，超过

① 怀进鹏：《数字变革与教育未来——在世界数字教育大会上的主旨演讲》，教育部，http://www.moe.gov.cn/jyb_xwfb/moe_176/202302/t20230213_1044377.html，2023 年 2 月 13 日。

② 教育部：《教育成为财政一般公共预算第一大支出》，人民网，http://edu.people.com.cn/n1/2022/0927/c1006-32535043.html，2022 年 9 月 27 日。

③ 吴月：《信息化推动优质教育资源共享　全国中小学联网率达 99.7%》，《人民日报》2020 年 12 月 2 日。

1400 万人次的中小学教师将优质课程上传平台，基本形成世界第一大教育资源数字化中心和服务平台，有效促进了优质教育资源共建共享。在以上工作的基础上，我国将数字素养培养、数字技能教育等主题融入中小学课程教育教学中，当前我国义务教育阶段的所有学生均需学习信息科技课程，根据我国《义务教育信息科技课程标准（2022 年版）》课程目标，我国初中以上学历人口均具备基本的信息与通信技能（ICT）和数字素养。

专栏 7-1：我国学校联网攻坚行动

2018 年 12 月，教育部组织开展学校联网攻坚行动，提出：推动基础电信企业加大光纤网络建设力度，通过加快实施电信普遍服务试点项目、组织新一代信息基础设施建设工程等多种方式，推进偏远地区未联网学校的光纤网络覆盖，加快已联网学校的光纤化升级改造，为开展信息化教育教学提供基础网络保障。组织实施新一轮电信普遍服务试点工作，推动提高学校 4G 网络覆盖水平。鼓励基础电信企业面向学校推出宽带接入优惠政策，促进"互联网＋教育"应用普及。

学校联网攻坚行动成效明显。截至 2020 年底，全国中小学（含教学点）互联网接入率达 100%，未联网学校实现动态清零，出口带宽达到 100M 的学校比例为 99.92%，98.35% 的中小学已拥有多媒体教室，进一步夯实信息化教学基础条件。

在高等教育阶段，探索形成了具有"中国范式"的慕课（MOOC）和在线教育体系。我国举办了世界慕课大会、中国慕课大会等具有全球性和区域性影响的教育数字化转型会议，形成了一整套包括理念、标准、技术、评价等在内的慕课发展的中国范式。截至 2022 年 2 月底，

我国上线慕课数量超过 5.25 万门，注册用户达 3.7 亿，已有超过 3.3 亿人次在校大学生获得慕课学分，慕课数量和应用规模世界第一。^① 此外，建成国家高等教育智慧教育平台，目前平台拥有 7.6 万名高等院校名师名家、2.7 万门优质慕课课程、1800 门国家一流课程。同时，平台受到很多国家学习者欢迎，超过 1300 万国际用户注册，覆盖了全球 160 多个国家和地区。^②

第八节　教育国际交流与合作持续推进

截至 2020 年，我国基本建成全方位、多层次、宽领域的教育国际交流与合作关系网络，与 50 多个国家签署了高等教育学历学位互认协议，全球近 80 个国家将中文纳入国民教育体系。其中，"一带一路"沿线国家留学生成为一大亮点。2019 年在我国学习的"一带一路"沿线国家留学生占比达 54.1%。^③2017—2019 年，我国高校在"一带一路"沿线多个国家实施教育援外项目，为"一带一路"沿线国家培养了大量职业技术应用人才。2011—2021 年，我国教育改革发展秉持对外开放不动摇的战略定力，加强同世界各国的互容、互鉴、互通，推动中国教育

---

① 教育部：《十八大以来我国高等教育改革发展成效》，教育部，http://www.moe.gov.cn/fbh/live/2022/54453/sfcl/202205/t20220517_627973.html，2022 年 5 月 17 日。

② 怀进鹏：《数字变革与教育未来——在世界数字教育大会上的主旨演讲》，教育部，http://www.moe.gov.cn/jyb_xwfb/moe_176/202302/t20230213_1044377.html，2023 年 2 月 13 日。

③ 王家源、焦以璇：《"十三五"教育国际影响力迈上新台阶》，《中国教育报》2020年 12 月 23 日。

以更加开放自信主动的姿态走向世界舞台。来华留学教育在推进制度建设、实施质量保障、严格入学标准、规范培养管理、加强留华毕业生工作等方面出台了一系列政策和改革举措。坚持"引进来"与"走出去"协调推进的原则，2020—2021 学年，在册国际学生来自 195 个国家和地区，学历教育学生占比达到近八成，比 2012 年提高 35 个百分点；同 180 多个建交国普遍开展了教育合作与交流，与近 60 个国家和地区签署了学历学位互认协议，在国（境）外建立有职业教育国际合作交流的新窗口——"鲁班工坊" 25 个。此外，积极参与全球教育治理改革，通过创设、迁址等方式吸引联合国教科文组织合作 10 个二类中心（机构）落驻我国，同时设立了 12 个联合国教科文组织教席和姊妹大学网络，中外高级别人文交流机制共举办 37 场会议，签署 300 多项合作协议，达成近 3000 项具体合作成果，① 进一步提升了我国在全球教育改革发展领域中的影响力和话语权。

2012 年以来，我国不断加大中国政府奖学金投入，并进一步优化提高资金使用效率。一是从投入规模来看，2016 年共有来自 183 个国家的 49 万余名留学学生享受中国政府奖学金在华学习，这一群体占在华留学生总数的比例比 2012 年增加了七成。② 另外，2016 年获得中国

---

① 教育部：《十八大以来教育国际合作交流情况》，教育部，http://www.moe.gov.cn/fbh/live/2022/54849/sfcl/202209/t20220920_662965.html，2022 年 9 月 20 日。

② 教育部：《聚焦国家战略 提供人才支撑 留学工作取得显著成绩》，教育部，http://www.moe.gov.cn/jyb_xwfb/xw_fbh/moe_2069/xwfbh_2017n/xwfb_170301/170301_sfcl/201703/t20170301_297675.html，2017 年 3 月 1 日。

政府奖学金的在华留学生中，包括博士研究生在内的研究生占比高达近七成之多，与 2012 年相比增加了 12 个百分点，说明中国政府奖学金对高层次人才的吸引力不断提升。二是从服务国家战略来看，配合"一带一路"倡议，结合新设"丝绸之路"中国政府奖学金，我国政府奖学金向周边国家和"一带一路"沿线国家倾斜，成为国家战略人才和人脉储备的重要渠道。2016 年享受中国政府奖学金留学生人数位居前列的国家包括：俄罗斯、美国、泰国、巴基斯坦、韩国、越南、老挝、蒙古、哈萨克斯坦等周边邻国和部分欧盟国家。"一带一路"沿线国家奖学金生占比与 2012 年相比提高了 8.4%，达到 61%。[①] 此外，围绕外交战略布局，落实领导人重要外交承诺，设立中蒙、中坦、中埃和中印尼等专项奖学金；配合高级别人文交流机制，设立中美、中欧、中俄人文交流奖学金，配合"一带一路"倡议，每年共向沿线国家提供 1 万个新生名额；新设"丝绸之路"中国政府奖学金。在国家政策引领下，各地方政府、企业和高校纷纷设立了奖学金或助学金，基本形成了具有中国特色且与国际接轨的来华留学多元化资助体系。

同时，我国政府从全球视角出发，提出构建人类命运共同体、共建"一带一路"等新倡议，为破解全球发展难题、推动落实联合国 2030 年可持续发展议程，在一系列重大国际场合宣布务实合作举措，提出中国

---

① 教育部：《"一带一路"沿线国家来华留学生数据增幅明显》，教育部，http://www.moe.gov.cn/jyb_xwfb/xw_fbh/moe_2069/xwfbh_2017n/xwfb_170301/170301_mtbd/201703/t20170302_297943.html，2017 年 3 月 1 日。

方案、贡献中国智慧。① 譬如，我国积极响应联合国教科文组织重点关注的全球优先计划——"非洲优先计划"，并以实际行动支持和促进非洲教育发展。作为中非合作论坛对非行动的后续活动之一，我国在联合国教科文组织中设立的联合国教科文组织—中国信托基金（CFIT）顺利实施，每年提供 200 万美元，资助非洲国家开展教师教学能力建设，推动非洲高等职业教育发展，为非洲国家培养具备创新能力的技术型劳动人才。② 中非信托基金已经有效实施两期，惠及科特迪瓦、纳米比亚等 12 个非洲国家的近千名教师，在支持项目国教师培训、促进高等职业教育发展等方面发挥了积极作用。③ 目前该项目已启动第三期。另外，我国政府还通过"中非高校 20+20 合作计划"等项目为发展中国家人才培养提供智力支持。

此外，我国积极贡献中国力量，努力提供教育国际公共产品。2016年我国出资 560 万美元支持联合国教科文组织长期致力于促进文化多样性、推动文明间对话、构建和平文化，但因经费原因被迫停刊的官方杂志《信使》复刊，④ 得到国际社会良好反响。2016—2020 年，我国与

① 马汉智：《新时代的中国对外援助和国际发展合作：整体态势、内外挑战与因应策略》，《科学社会主义》2023 年第 1 期。

② UNESCO：《教科文组织与中国签署协议支持非洲高等职业教育》，UNESCO，https://www.unesco.org/zh/articles/jiaokewenzuzhiyuzhongguoqianshuxieyizhichifeizhougaodengzhiyejiaoyu，2019 年 10 月 18 日。

③ 教育部：《十年来，共有 24 个国家的 30 个项目获得孔子教育奖》，人民网，http://edu.people.com.cn/n1/2022/0920/c1006-32530091.html，2022 年 9 月 20 日。

④ 联合国：《中国资助联合国教科文组织恢复发行〈信使〉杂志》，联合国，https://news.un.org/zh/story/2016/10/264892，2016 年 10 月 17 日。

联合国教科文组织合作设立的教科文组织孔子教育奖开展第三期评奖工作，我国政府每年提供 20 万美元在全球范围内表彰 3 个为普及教育、扫除文盲作出突出贡献的政府、非政府组织或个人。2016 年，我国与联合国教科文组织合作设立儿童和妇女教育奖，每年向教科文组织提供 20 万美元，用于在全球范围内表彰 2 个为促进女童和妇女教育作出杰出贡献的个人或机构。"十三五"期间，联合国教科文组织成员国的 15 个扫盲项目获得我国与教科文组织合作设立的孔子教育奖，10 个项目获得女童和妇女教育奖，产生良好的示范激励效应。①

结合以上梳理，对照《中国落实 2030 年可持续发展议程国别方案》（教育部分）的举措和目标，2020 年我国已经实现所有 10 个明确量化的目标，同时在保障弱势群体平等接受义务教育的权利、加强幼儿园教师队伍建设、分类推进免除中等职业教育学杂费、动态调整助学金覆盖面和补助标准、扩大优质教育资源覆盖面、加强高等教育学科建设等定性表述目标方面也均取得积极进展并基本实现。总体而言，在 2030 年议程实施接近中期之际，我国如期实现了《中国落实 2030 年可持续发展议程国别方案》中提出的 2020 年关于教育可持续发展的目标，并超预期实现了明确量化的所有目标，为 2030 年整体实现可持续发展目标奠定了良好的基础。

---

① 中国联合国教科文组织全国委员会秘书处：《深化与教科文组织合作　积极参与全球教育治理》，教育部，http://www.moe.gov.cn/fbh/live/2020/52834/sfcl/202012/t20201222_506781.html，2020 年 12 月 22 日。

表 7-3　中国落实 2030 年可持续发展议程国别方案（教育部分）

目标 4：确保包容和公平的优质教育，让全民终身享有学习机会		
可持续发展目标	中方落实举措	2020 年目标实现情况
4.1　到 2030 年，确保所有男女童完成免费、公平和优质的中小学教育，并取得相关和有效的学习成果。	全面实行城乡九年免费义务教育制度，全面提高教育教学质量。到 2020 年，义务教育巩固率达到 95%，县内义务教育均衡发展基本实现，完善城乡义务教育经费保障机制。加快缩小城乡教育差距，努力实现城乡基本公共教育服务均等化，保障弱势群体平等接受义务教育的权利。	量化目标已实现，定性目标基本实现
4.2　到 2030 年，确保所有男女童获得优质幼儿发展、看护和学前教育，为他们接受初级教育做好准备。	扩大普惠性学前教育资源，鼓励普惠幼儿园发展，加强农村普惠性学前教育，重点保障中西部农村适龄儿童和实施全面两孩政策城镇新增适龄儿童入园需求。到 2020 年，实现全国学前三年毛入园率达 85%。完善学前教育资助制度，资助家庭困难幼儿、孤儿、残疾儿童等弱势群体儿童接受普惠性学前教育。加强幼儿园教师队伍建设。	量化目标已实现，定性目标基本实现
4.3　到 2030 年，确保所有男女平等获得负担得起的优质技术、职业和高等教育，包括大学教育。	到 2020 年，高中阶段教育毛入学率达到 90%，高等教育毛入学率达到 50%，具有高等教育文化程度的人数比 2009 年翻一番。建立职业教育与经济社会同步发展机制、职业教育专业设置标准与产业发展同步更新机制，逐步分类推进免除中等职业教育学杂费，动态调整助学金覆盖面和补助标准。	量化目标已实现，定性目标基本实现
4.4　到 2030 年，大幅增加掌握就业、体面工作和创业所需相关技能，包括技术性和职业性技能的青年和成年人数。	推行工学结合、校企合作的技术技能人才培养模式，推行企业现代学徒制。推进教育信息化，发展远程教育，扩大优质教育资源覆盖面。加强高等教育学科建设，满足战略性新兴产业、民生等领域的新需求。	目标基本实现

续表

目标 4：确保包容和公平的优质教育，让全民终身享有学习机会		
可持续发展目标	中方落实举措	2020 年 目标实现情况
4.5　到 2030 年，消除教育中的性别差距，确保残疾人、土著居民和处境脆弱儿童等弱势群体平等获得各级教育和职业培训。	保障弱势群体在内的每个人的受教育权利。提升特殊教育发展水平，在 30 万人口以上的县基本建立特殊教育学校。逐步实现残疾学生从义务教育到高中阶段教育的 12 年免费教育。	目标已实现
4.6　到 2030 年，确保所有青年和大部分成年男女具有识字和计算能力。	到 2020 年，进一步降低成人文盲率，防止产生新的青壮年文盲。将新增劳动力平均受教育年限提高到 13.5 年，劳动年龄人口平均受教育年限提高到 10.8 年。	目标已实现
4.7　到 2030 年，确保所有进行学习的人都掌握可持续发展所需的知识和技能，具体做法包括开展可持续发展、可持续生活方式、人权和性别平等方面的教育、弘扬和平和非暴力文化、提升全球公民意识，以及肯定文化多样性和文化对可持续发展的贡献。	深化教育改革，提高教育质量，加强学校体育和艺术教育，把增强学生社会责任感、创新精神、实践能力作为重点任务贯彻到国民教育全过程。性别平等原则和理念在各级各类学校教育教学过程中得到充分体现。	目标已实现
4.a　建立和改善兼顾儿童、残疾和性别平等的教育设施，为所有人提供安全、非暴力、包容和有效的学习环境。	改善薄弱学校和寄宿制学校办学条件。到 2020 年，城乡义务教育公办学校标准化建设取得显著进展，加强乡村小规模学校建设。	目标已实现
4.b　到 2020 年，在全球范围内大幅增加发达国家和部分发展中国家为发展中国家，特别是最不发达国家、小岛屿发展中国家和非洲国家提供的高等教育奖学金数量，包括职业培训和信息通信技术、技术、工程、科学项目的奖学金。	落实习近平主席 2015 年 9 月出席联合国可持续发展峰会期间宣布的"到 2020 年，向发展中国家提供 12 万个来华培训和 15 万个奖学金名额，为发展中国家培养 50 万名职业技术人员"的举措。面向其他发展中国家、特别是最不发达国家、小岛国和非洲国家，提供更多人力资源、发展规划、经济政策等方面咨询培训，加强科技教育合作和援助。	目标基本实现

目标4：确保包容和公平的优质教育，让全民终身享有学习机会		
可持续发展目标	中方落实举措	2020年目标实现情况
4.c 到2030年，大幅增加合格教师人数，具体做法包括在发展中国家，特别是最不发达国家和小岛屿发展中国家开展师资培训方面的国际合作。	为其他发展中国家提供短期教育培训，在培训班计划和招生方面积极考虑最不发达国家和小岛国对师资培训的需求。	目标基本实现

资料来源：外交部：《中国落实2030年可持续发展议程国别方案》，外交部，http://infogate.fmprc.gov.cn/web/ziliao_674904/zt_674979/dnzt_674981/qtzt/2030kcxfzyc_686343/zw/，2016年10月12日。

我们还应该清醒地认识到，随着新一轮科技革命和产业变革不断深入，中国教育发展也存在一些亟待解决的问题，区域、城乡之间教育发展还存在明显差距，基本公共教育服务均等化水平有待提升，人才培养结构与社会需求契合度不够，产教融合、科教融合的体制机制尚不健全，高校办学特色仍不够鲜明，同质化发展倾向突出，创新活力尚未得到充分释放。教育公共服务供给不能完全适应人口变化新趋势，优质教育资源配置不够均衡、结构性矛盾较为突出，义务教育优质均衡发展和城乡一体化发展成果还有待巩固和深入推进，农村地区办学短板特别是学校基础网络教学环境建设需要加快补齐；学前教育普惠发展水平仍有提升空间，农村地区、边远贫困地区和城市新增人口集中地区学前教育资源供给仍需进一步动态调整；县域普通高中建设需要全面加强；高等教育人才培养规模、结构、质量与国家战略和经济社会发展需求不够匹配，教育服务科技创新、支撑战略性新兴产业的能力亟待增强；科学的教育理念和模式尚未深入落实，以学习者为中心的教育生态有待进一步形成；吸引最优秀人才从教的制度保障有待加强，高水平教师队伍建设的体制机制需要继续完善；学校家庭社会协同育人有待强化，全社会参与育人的体制机制需要进一步健全；现代信息技术应用于教育亟须加速推进，信息技术与课堂教育教学的深度融合还有较大提升空间，教师的数字化素养和能力亟待加强，教育投入与保障水平需要切实落实并适时提高；教育评价体系还有待进一步科学合理，教育治理体制机制仍需进一步健全；高水平教育对外开放格局建设需要加快构建，打造更具国际竞争力和吸引力的留学目的地仍需努力推进。

第八章

加快推进中国式教育现代化的建议

在新中国成立特别是改革开放以来长期探索和实践基础上，经过党的十八大以来在理论和实践上的创新突破，我们党成功推进和拓展了中国式教育现代化。我国教育事业用 70 多年时间走过西方发达国家几百年的历程，基本实现了中华民族千百年来学有所教、有教无类的教育理想，开辟了中国特色社会主义教育发展道路，教育事业取得历史性成就、发生历史性变革。[①] 新中国成立以来，党中央、国务院深入贯彻以人民为中心的发展思想，在幼有所育、学有所教等方面持续用力，建成世界上规模最大的教育体系，教育普及水平实现历史性跨越。[②] 教育体系不断完善，教育公平有力促进，教育改革全面推开，教育质量显著提升，为经济社会发展提供了坚强的人才保障和智力支持。2021 年，学前教育毛入园率达到 88.1%；2020 年，小学学龄儿童净入学率达到 99.96%，初中阶段毛入学率达到 102.5%。中国在全世界人口最多的 9 个发展中国家中率先实现全民教育目标。目前，我国教育普及程度总体

[①] 孙春兰：《办好人民满意的教育》，《人民日报》2022 年 11 月 9 日。

[②] 中共教育部党组：《高标准高质量开展主题教育　奋力建设教育强国》，《求是》2023 年第 10 期。

上稳居全球中上收入国家行列，其中义务教育和学前教育普及程度达到高收入国家平均水平。2021 年，我国高中阶段毛入学率达到 91.4%，高中教育基本实现了普及；高等教育规模不断扩大，各种形式的高等教育在学总规模 4430 万人，我国已建成世界最大规模的高等教育体系，高等教育毛入学率达到 57.8%，实现了历史性跨越，高等教育进入普及化发展阶段。新时代的 10 年，中国人力资本加速发展，人口素质不断提升，每年职业院校和普通高等院校向社会输送各类毕业生 1000 多万，上亿从业人员接受多样化的教育培训。目前，我国接受高等教育的人口已达到 2.4 亿。①2020 年，新增劳动力平均受教育年限为 13.8 年，相当于已进入到高等教育阶段；15 岁及以上人口的平均受教育年限从 2010 年的 9.08 年提高至 9.91 年；劳动年龄（16—59 岁）人口平均受教育年限从 2010 年的 9.67 年提高至 10.75 年；文盲率从 2010 年的 4.08% 下降到 2.67%。② 我国人力资源开发总体水平跻身世界中等偏上行列。

在中国共产党领导人民成功走出中国式现代化道路、创造人类文明新形态的进程中，我国教育现代化越来越焕发出蓬勃生机，教育强国建设更加呈现鲜明的中国特色。③ 随着新时代科教兴国战略、人才强国战略深入实施，教育优先发展地位有效落实，国家财政性教育经费投入

---

① 闫伊乔：《我国接受高等教育人口达 2.4 亿》，中国政府网，http://www.gov.cn/xinwen/2022-05/21/content_5691565.htm，2022 年 5 月 21 日。

② 梁丹：《第七次全国人口普查数据结果显示 十年来我国人口受教育水平明显提高》，《中国教育报》2021 年 5 月 12 日。

③ 怀进鹏：《加快建设教育强国》，《人民日报》2022 年 12 月 21 日。

占 GDP 比例连续保持在 4% 以上，教育成为财政一般公共预算第一大支出，一批重大教育工程顺利实施，极大改善了办学条件，学生资助政策体系实现全覆盖并日益健全，教育系统全力支持打赢脱贫攻坚战。尤其是抗击新冠疫情，成功实施世界上最大规模在线教学，所有大中小学从停课不停学不停教到复课复学，充分展现了中国特色社会主义制度优势。在全国基础研究和重大科研任务、国家重点实验室建设、国家级三大科技奖励项目中，高校参与比重和贡献份额均超过 60%，80% 以上的国家自然科学基金项目和 90% 以上的国家社会科学基金项目由高校承担，高校积极参与破解大批关键核心技术"卡脖子"问题，成为国家自主创新主力军。当前，更全方位、更多层次、更宽领域、更加主动的教育国际交流与合作新格局正加快形成，我国与 188 个国家和地区、40 多个重要国际组织建立教育合作交流关系。我国中小学生在经合组织开展的 PISA 测试中总体表现良好，吸引一些发达国家对中国基础教育进行学习和借鉴。"互联网＋"大学生创新创业竞赛 7 年累计吸引 121 个国家和地区 2533 万名大学生参赛，对于国家创新创造活力的积累，对于国家国际影响力的提升起到重要作用。同时，积极参与全球教育治理，首次发起并举办世界职业技术教育发展大会，132 个国家和地区参与，举办首届国际人工智能与教育大会并达成《北京共识》，发起成立世界慕课联盟、筹建世界职业技术教育发展联盟。我国教材教法、教育理念等开始走向并影响世界，我国教育更加开放自信主动地走向国际舞台。

习近平主席在亚洲文明对话大会开幕式上指出："今日之中国，不仅是中国之中国，而且是亚洲之中国、世界之中国。"① 在这样高瞻远瞩的擘画中，中国教育现代化要扎根本土、融通中外，立足时代、面向未来，突出中国特色、优化全球开放布局，持续提升国际影响力。习近平总书记强调，我们推进的现代化，"既不走封闭僵化的老路，也不走改旗易帜的邪路，坚持把国家和民族发展放在自己力量的基点上、把中国发展进步的命运牢牢掌握在自己手中"。② 面向新时代，世界百年未有之大变局加速演进，中华民族伟大复兴进入不可逆转的历史进程。党的二十大报告对以中国式现代化全面推进中华民族伟大复兴作出一系列重大部署，首次把教育、科技、人才进行"三位一体"统筹安排和一体布局。我们深入学习贯彻党的二十大精神，聚焦全面建设社会主义现代化国家对教育提出的新要求，落实到 2035 年建成教育强国的战略目标任务，就是要审时度势，放眼长远、面向未来做出抉择，坚定教育的优先发展地位，毫不动摇地将中国式教育现代化作为社会主义现代化强国建设的基础工程，坚持以中国式教育现代化支撑和推进中国式现代化，积极回应新时代、新发展带来的新需求、新变化和新挑战，在高质量教育惠及人民、科技创新支撑强国建设、创新探索激发教育活力和教育开放服务国家战略大局等方面，大力推进体制机制和实现路径的探索

---

① 习近平：《在亚洲文明对话大会开幕式上的主旨演讲》，求是网，http://www.qstheory.cn/zhuanqu/bkjx/2019-07/01/c_1124695505.htm，2019 年 7 月 1 日。

② 习近平：《高举中国特色社会主义伟大旗帜　为全面建设社会主义现代化国家而团结奋斗——在中国共产党第二十次全国代表大会上的报告》，《求是》2022 年第21 期。

与创新，努力办好人民满意的教育，开创中国式教育现代化改革发展新局面。

第一节　以更高质量满足人民群众多样化的教育新需求

现代化的本质是人的现代化。著名社会学家英格尔斯（Alex Inkeles）在《人的现代化》中论及，人的现代化是国家现代化必不可少的因素，是现代化制度和经济可持续发展并取得成功的先决条件。在讨论国家现代化时，如果不考虑人的现代化，就不可能真正实现国家现代化。[①] 而作为培养人的事业，教育现代化是国家实现现代化的重要一环。面向社会主义现代化国家的新方位新愿景，随着经济社会的发展，人民群众享有公平、多样、有质量教育及其服务的需求不断增长，强烈呼唤教育实现更高质量发展，特别是随着我国中等收入群体的不断扩大以及消费升级的持续演进，提供高质量、多样化的教育与服务必然面临新的要求和挑战，这是社会发展和人民生活品质提升的客观要求。中等收入群体不断扩大既是中国式现代化发展的重大成果和持续发展的重要目标，也是反映社会结构现代化和衡量共同富裕程度的显著标志。党的二十大报告再次将"中等收入群体比重明显提高"确定为 2035 年国家现代化目标。改革开放以来，我国中等收入群体规模持续扩大，目前规模已经达到 4 亿多人，预计到 2035 年我国中等收入群体规模将达到

[①] ［美］英格尔斯：《人的现代化——心理·思想·态度·行为》，殷陆君译，四川人民出版社 1985 年版，第 7—8 页。

8亿人左右。①中等收入群体规模扩大固然能够发挥社会"稳定器"的作用，但对于教育现代化发展而言，则意味着对优质教育资源的供给产生更为迫切的需求，这是由中等收入群体所处的地位和环境决定的。中等收入群体普遍怀有向上发展的强烈愿望和行为取向，具体到个人及其子女或家庭成员的教育上，就是渴望努力获得更多更有质量的教育和服务，以期通过获得优质的教育实现社会阶层跃进。同时，伴随社会整体性的消费升级，中等收入群体有意愿、也有能力通过包括购买国内外教育服务在内的多种方式，实现对优质、适合、可获得的教育资源的分享。另外，除了对高质量教育资源供给带来迫切的巨大需求，由于自身社会认知水平及其地位和影响力普遍得到提升，中等收入群体在呼吁和监督加快推进教育改革、创新优质教育资源供给模式等方面，也往往具有更强的诉求传递以及公共监督和公共问责能力。

然而，受经济社会发展诸多因素的影响，作为人口众多、地域广阔的教育大国，我国教育发展中仍然存在着区域、城乡、学校和人群教育差距，严重制约我国教育的整体高质量均衡发展，成为推进中国式教育现代化进程中需要持续着力应对的发展短板。在教育经费投入水平，特别是在生均一般公共预算教育经费支出方面，我国在东部发达地区与中部、西部之间仍存在较大的差距，不利于实现区域教育优质均衡发展，

---

① 林毅夫：《中国2035年中等收入人群或达8亿，巨大市场将成所有国家机遇》，中国新闻网，https://www.chinanews.com.cn/cj/2021/05-07/9472276.shtml，2021年5月7日。

难以全面推动和有效保障部分中、西部地区省份的教育整体实现高质量发展。2020 年，东、中、西部地区 31 个省（直辖市、自治区）中，小学一般公共预算教育经费最高、最低分别为 35411.7 元和 7665.5 元，最高省份是最低省份的 4.6 倍；初中一般公共预算教育经费最高、最低分别为 63603.3 元和 11575.7 元，最高省份是最低省份的 5.5 倍；初中生均一般公共预算公用经费差距更大，最高、最低省份分别为 15479.4 元和 2641.6 元，最高省份是最低省份的 5.9 倍。[①] 另外，在对教育质量水平具有关键影响力的教师队伍整体水平，特别是在教师学历水平、专业发展能力、福利保障等方面，同样也存在较大区域、城乡、学校、人群之间的差距，成为影响中国式教育现代化和教育整体高质量发展的又一个重点问题。

面对新时代中国式教育现代化遇到的发展不平衡、不充分的突出问题以及包括中等收入群体在内的广大人民群众获得更公平、更优质、更多样化教育的新需求和强烈期盼，我们要坚持以人民为中心发展教育的价值追求，顺应社会主要矛盾的变化，以高质量发展为主线，以深化教育改革为动力，继续发挥社会主义制度的优越性，彰显中国式现代化关照人口规模巨大、共同富裕等要件的本质要求，从整体上设计逐步解决中、西部地区欠发达省份教育经费投入水平偏低、师资队伍建设发展相

[①] 教育部、国家统计局、财政部：《关于 2020 年全国教育经费执行情况统计公告》，教育部，http://www.moe.gov.cn/srcsite/A05/s3040/202111/t20211130_583343.html，2021 年 11 月 16 日。

对滞后、优质教育资源开发利用困难等发展短板和突出问题。例如，在加快提升基本公共教育服务水平和基础教育生均一般公共预算教育经费方面，可以进一步统筹全国和各地区、各省（直辖市、自治区）的教育现代化发展，探索全国"一盘棋"的问题解决方案，积极采取缩小差距的有效制度和战略性举措，在继续推行已有对欠发达地区纵向转移支付、省份之间对口支援等方面制度和举措基础上，进一步研究设计科学、规范的省份间横向转移支付制度，在支持发达地区省份继续提高本地生均经费投入水平同时，按照高出全国平均水平的一定比例提取部分经费，放入横向转移支付"蓄水池"，用于按照省份间教育横向转移支付制度和方法对虽已付出巨大努力、仍不能有效提升本地生均一般公共预算教育经费水平的省份进行系统性支持，在保障发达地区省份教育投入水平持续提升的同时，为欠发达地区省份提供额外的教育经费支持，促进欠发达地区部分省份加快提升本地教育经费投入水平和生均经费支出水平，从而有效缩小东、中、西部地区以及城乡、学校、人群之间的教育经费投入水平差距。通常认为，基尼系数小于0.4被认为收入差距不大，这应该是中国式现代化共同富裕的一个基本要求。同样，各省份之间的生均经费水平差距只有控制在一定区间内才符合中国式教育现代化的要求。另外，围绕破解基础教育师资队伍建设与发展的突出问题，需要在继续深入推进一系列针对性政策、举措的同时，聚焦提升基础教育教师的学历水平、专业发展能力以及其政治、社会、职业地位实施更多、更有效的国家层面对策与举措。

第二节 以更突出的贡献参与社会主义现代化强国建设

按照以中国式现代化全面推进中华民族伟大复兴的战略部署，我国将加快推进社会主义现代化强国建设步伐。当前，世界范围内新一轮科技革命迅猛发展，基础性、原创性、颠覆性科技创新对经济社会发展的引领、支撑和溢出效应愈发突出，随着各主要国家争相抢占全球科技制高点，一大批重大科技创新成果正在引领社会生产发生一系列新的变化。同时，产业变革和经济发展对高素质创新型人才和高水平人力资源带来更为迫切的新需求。现代化理论的重要代表人物之一艾森斯塔特（S. N. Eisenstadt）指出："在现代化的最初'起飞'之后，经济领域在发展和现代化方面居于首要地位，经济问题的解决，对于现代社会及其政治体制的存活与发展、保障现代化的延续、持续增长，以及任何领域的持续发展（无论是政治的、经济的还是社会组织的领域），都具有头等重要的意义。"[1] 根据舒尔茨（Theodore Schultz）的观点，人力资本对经济发展具有重要影响。全面提升人口素质既是现代化的重要内容，又是现代化建设最基本、最重要的支撑。世界银行的有关研究发现，对个人而言，教育可以促进就业、增加收入、健康和减少贫困。在全球范围内，个体每多上一年学，收入就会增加9%。[2] 这也是国内学者普遍

---

[1] ［以］艾森斯塔特：《现代化：抗拒与变迁》，张旅平等译，中国人民大学出版社1988年版，第57—58页。

[2] Montenegro, Claudio E. and Patrinos, Harry Anthony, "Comparable Estimates of Returns to Schooling Around the World", World Bank Group, https://documents1.worldbank.org/curated/en/830831468147839247/pdf/WPS7020.pdf, September 1, 2014.

提及的"劳动力受教育平均年限每增长 1 年，国内生产总值（GDP）就可增加 9%"① 之依据。还有研究表明，职工受教育年限每提高 1 年，制造业企业劳动生产率提高 17%。②③ 据此，以 2020 年中国的 GDP 总量测算，若未来几年劳动力人均受教育年限提高至 11.5 年，我国 GDP 将增长 91000 多亿元。我国最近几十年来的发展历程也充分说明，依靠教育、科技、人才和人力资源开发水平的不断发展和积累，我们逐步迎来了从站起来、富起来到强起来的伟大飞跃和实现伟大复兴的光明前景。面向新时代新征程，党的二十大报告从十二个方面深入阐述了全面建成社会主义现代化强国、实现第二个百年奋斗目标的大政方针，要求我们按照教育、科技、人才一体化发展的战略新布局，实施科教兴国战略、强化现代化建设人才支撑，充分发挥教育在人才和人力资源开发中的基础作用，积极发挥教育支撑创新策源、促进技术进步的服务贡献能力。

当前，我国正处于人口大国向人力资源强国转变的关键时期，发挥人力资源的潜力与优势是促进我国经济迈向中高端水平的最大支撑。④ 着力提高人口整体素质，必将为全面建设社会主义现代化国家、全面推进中华民族伟大复兴提供坚实人力资源保障。对照全面建成社会主义现

① 欧媚：《11.3 年，将为社会发展创造哪些红利》，《中国教育报》2021 年 4 月 8 日。
② 苏令、梁昱娟：《教育服务贡献能力显著增强》，《中国教育报》2022 年 10 月 12 日。
③ 秦芳、欧阳俊：《充分释放教育红利 缓解人口红利流失》，《光明日报》2020 年 11 月 16 日。
④ 仲音：《着力提高人口整体素质——以人口高质量发展支撑中国式现代化》，《人民日报》2023 年 5 月 16 日。

代化强国建设的目标，我国教育的人才培养结构和供给能力还不能很好满足经济社会发展的需求。在一批战略性新兴产业加快创新发展的大背景下，教育领域的科技创新贡献度尚需进一步提升，需要深度融入国家和地方经济社会发展大局和创新发展格局，在基础研究、重大问题研究以及支撑、引领创新发展和服务制造强国建设等方面，依然存在很大的发展提升空间。重大原始创新能力亟需进一步提高，我国高校学者在国际顶尖学术期刊上、在学科前沿研究上发表的核心论文占比不高，成果转化率低仍是科研体系的"软肋"。哲学社会科学领域的研究精品力作、学术原创数量不足，国际影响和学术话语权还较弱。部分高校的学科优势尚未转化为创新人才培养优势，基础研究领域的拔尖人才、新兴技术产业急需的复合交叉人才、重点领域需要的紧缺人才培养不足。教育开发人力资源的潜力尚待进一步挖掘。国际比较数据表明，[1] 目前，部分发达国家 25 岁及以上年龄人口获得的平均受教育年限普遍超过 12 年，其中，德国、美国、加拿大、英国等均达到 13 年，甚至超过 14 年，而我国这一数值没有超过 11 年。若按照每年平均递增 0.1 年的幅度，要达到平均 12 年（相当于高中毕业生的平均水平）可能还存在 10 年以上的差距；若要实现 25 岁及以上劳动年龄人口受教育程度普遍达到 13.5—14 年（达到大专学历程度），在我国高中普及程度已经达到 90%

---

① UNESCO Institute of Statistics, UIS. Stat，http://data.uis.unesco.org.

以上、[1] 高等教育毛入学率接近 60% 的发展新阶段，[2] 仅仅依靠目前我国的教育制度和教育体系，人力资源开发仍然达不到强有力支撑社会主义强国建设的高水平要求。另外，在多元合作、共同培养各层次各类型的急需人才方面，也存在科教协同、产教融合、校企合作制度不健全、优质资源利用率偏低、推进乏力等突出问题，不利于加快改善人才培养的适应性。

为落实"加快建设科技强国、实现高水平科技自立自强"的战略要求，各级教育机构，特别是国家和地方重点建设的高校，需要坚持"四个面向"，加强基础研究、重大问题研究融入国家和地方人才中心和创新高地建设中，不断提升哲学社会科学研究的影响力和话语权。围绕加快提升我国教育开发人力资源的能力、水平和贡献度，我们需要超前谋划，积极探索中国式教育现代化的新模式、新路径，站在国家发展大局，构建学历教育与非学历教育、职前教育与职后教育贯通衔接的现代教育体系，从增加增量、激活存量两个维度实施国家人力资源开发水平提升的"双轮驱动"战略与举措。即：一方面要持续推进各级教育高质量发展，在义务教育已经达到高位普及的情况下，继续提升高中阶段教育入学率水平，努力让所有具备参加高中阶段学习基本条件的适龄青少

---

① 吴月：《全国高中阶段教育毛入学率达 91.4%》，《人民日报》2022 年 7 月 9 日。

② 中共中央宣传部：《中国这十年·教育改革发展成效》，国新网，http://www.scio.gov.cn/xwfb/gwyxwbgsxwfbh/wqfbh_2284/2022n_2285/49089/wz49091/202209/t20220922_440361.html，2022 年 9 月 9 日。

年都能得到相应的学习成效和学历；进一步提升高等教育在学人口比例，优化结构，适当提高本科，特别是专业性硕士研究生的培养比例。通过各级教育培养和每年输出 1000 万以上的高等教育和数百万高中阶段毕业生，给人力资源开发带来新的增量。另一方面，则是要建立全民终身学习的制度环境、建立国家资历框架，建立和完善涉及国家教育、发展改革、人力资源社会保障、产业、财政等跨部门跨行业的国家职后人员教育和培训支持体系，形成自上而下和自下而上相结合的运行落实机制，健全体制、标准和法规，设置管理、服务、保障机构，分行业、分人群、分层次、分类型开展不同方式的学历提升和职业技能、专业发展等方面的培训行动，在提升学历水平的同时进一步提升职后人员适应产业新变革、岗位新技能、职业生涯发展的需要。通过每年实施数以亿计人员的学历提升和各类培训，从存量提升的维度对国家人力资源开发作出重大贡献。适应信息化、数字化发展以及高等教育普及化发展的新变化，可以在京津冀、长三角、粤港澳大湾区、长江经济带、黄河流域等重大战略区域，探索成立实体加虚拟、线上加线下、科学利用多方面教育、科技、产业资源以及弹性学制和完全学分制（终身学习学分银行）的区域性产业大学、社区大学等新的高等教育业态和人才培养新体制，为落地国家人才资源开发"双轮驱动"战略建设新载体，为提升重点区域人力资源开发水平开辟试验田，为形成人口规模巨大国家高等教育发展新模式进行先行探索。

第三节　以更具战略主动的教育开放服务国家发展大局

我国在国际关系中长期以来始终坚持维护世界和平、坚定走共同发展的道路，致力于推动构建人类命运共同体。党的二十大报告明确指出，要推进高水平对外开放，推动共建"一带一路"高质量发展，再次明确对外开放的基本国策地位。我国是对外开放的践行者、受益者和拥护者，开放让我们创造了诸多的中国奇迹，无论未来世界如何风云变幻，推进中国式现代化都将会坚定不移地继续走对外开放与和平发展的道路。教育领域的对外开放是国家对外开放的重要组成部分和强大推动力，也给推动教育自身改革创新带来活力，特别是出国和来华留学工作、对外开展各层次高质量的合作交流以及教育在中外人文交流、参与全球教育治理和区域教育合作中发挥的重要作用，都对教育改革发展带来一系列影响和变革，并且产生了显著的国际影响力。从部分发达国家教育对外开放的实践看，促进教育领域的合作交流、推动相关要素国际流动、形成全球配置教育资源的能力，对于面向世界集聚人才、收获智力、构建全球重要人才中心和创新高地以及提升自身核心竞争力，都具有重要的支撑作用。另外，做大做强做优留学生教育培养事业，也是大国促进民间交流、扩大国家"朋友圈"、提升国家软实力以及增强教育服务能力、结合信息技术创新探索绿色产业发展新业态、新模式的战略性选择。

面对百年未有之大变局和新冠疫情仍在世界范围内持续流行等不确

定因素,继续深化教育对外开放必然面临前所未有的挑战。同时,作为发展中的教育大国,我国的教育对外对内开放还存在缺乏系统顶层设计、尚未形成多方推动合力、基础吸引力不足、缺乏优势特色以及条件不完善、保障能力不强等方面的突出问题。教育领域的国际合作总体水平不高,缺乏合作交流和吸引全球高水平科技人才集聚的重大项目、合作平台与协作组织,与世界顶尖大学、研发机构的深度合作与共建共享不够,融入全球创新网络、参与全球性公共事务和国际大科学计划等方面能力和主动性欠缺。总体而言,目前高质量的来华留学生吸引、培养、支持及服务的综合能力依然不强,在世界范围内集聚人才、应用智力缺乏制度性保障,导致留学生教育及服务存在规模偏少、比例偏小、质量偏低以及生源结构、人才培养层次结构、学习内容及专业结构不合理等亟待改革发展的问题;主动向重要的国际机构、国际区域性组织、跨国重大活动等有组织地输送各类职员以及管理人才、专业人才、服务人才的体制机制尚不健全,缺乏总体布局和系统性安排,导致在国际机构和重要组织中的中国雇员人数少、职位层次偏低、影响力和塑造力不足,与世界第一大人口大国、世界第二大经济体、联合国安理会常任理事国、联合国会费第二大缴纳国的地位不相匹配。据联合国的报告,当前联合国系统有中国籍雇员 1336 人,占总人数的 2.31%,其中多数还是语言类职员。与之相比,美国雇员占比 9.4%,法国占比 7.60%。①

---

① 李因才:《第 77 届联大辩论落幕:型塑联合国,中国任重道远》,澎湃新闻,https://www.thepaper.cn/newsDetail_forward_20076630,2022 年 9 月 27 日。

开启实现第二个百年奋斗目标新征程的中国日益走近世界舞台中央，对外开放是中华民族走向伟大复兴的必由之路，也是推进中国式教育现代化发展的必然选择。面对我国将积极推动构建人类命运共同体、高质量共建"一带一路"、积极推动实施联合国《2030 年可持续发展议程》和全球发展倡议以及促进经济全球化朝着更加开放、包容、普惠、平衡、共赢的方向发展，教育领域需要加快推进高水平的对外开放，加强国际教育合作，促进人员交流，提升全球教育资源配置能力。一方面，要继续虚心学习、吸收借鉴世界各国好的做法和经验，加强与世界一流高校、顶尖科研机构的实质性高水平交流合作，推动我国与其他国家学历学位互认、经验互鉴，培养具有全球视野的国际化人才；另一方面，则要肩负起大国的责任和担当，更加主动地融入全球创新网络，积极牵头或参与国际大科学计划，主动参与国际公共事务，加强与联合国教科文组织等国际组织和多边组织的合作，努力为全球提供教育领域的公共产品和公共服务，有力支持和服务国家对外开放大局，率先落实联合国教科文组织"教育 2030 行动框架"提出的目标任务，[①] 积极贡献教育高质量发展的中国智慧和中国方案。例如，在教育领域服务和参与"一带一路"建设中，可以通过全面加强与相关国家及国际组织的务实合作，联手推进留学、合作办学、人才联合培养、师资培训、人文交流等方面的合作项目，做强"留学中国"品牌，建立包含教育系统等多部

---

① UNESCO, "Education 2030 Framework for Action", https://apa.sdg4education2030. org/education-2030-framework-action，2015 年 11 月 4 日。

门多方面共同参与，涵盖来华留学生招生宣传、专业建设、日常教学和管理、毕业创业等环节的综合性留学生支持体系，加快探索来华留学生趋同化管理提质增效路径，不断丰富教育合作交流和对外开放内涵，实现共建共享共赢，使我国成为具有强大影响力的世界重要教育中心。另外，统筹做好"引进来"和"走出去"两篇大文章，在引进来的同时，逐步扩大走出去的步伐，积极参与全球教育治理，加快培养和输送高水平国际化急需人才，提升开放水平和国际影响力，健全对外教育援助机制，为全球教育治理贡献中国智慧和力量，为推动构建人类命运共同体作出重要贡献。

第四节　以更大力度的创新激发中国式教育现代化活力

人类社会发展历史表明，一切文明和进步的成果都是创新思维、创新智慧和创新劳动的结晶。世界经济中心的几度迁移，很重要的因素是创新特别是科技创新这个主轴在旋转、在发力，支撑着经济发展，引导着社会走向；相反，一些传统大国、强国的衰落，很重要的原因与失去或缺乏进取和创新精神有关。[1] 在人类早期的社会生活生产中有的是朴素的常规性实践，农业社会也是自给自足式的自然经济，创新尚未产生重大影响。进入到工业社会以后，科技、制度等创新性实践日趋活跃，并产生了前所未有的先进生产力。进入新时代，新一轮科技和产业革命

---

[1]　李军：《让创新在全社会蔚然成风》，《学习时报》2018年1月22日。

催生巨大创造力，对全球格局、人类生产生活方式带来了重要影响和变革。为应对新挑战，近年来许多国家相继推出国家创新战略，将创新能力确立为提升综合国力及核心竞争力的重要指标。我国确立了"创新是第一动力"的发展思想，创新已成为推进我国走向强盛、人民生活富足、国际地位不断提升的核心动力和发展活力。具体到教育领域，我国学习借鉴发达国家的经验与做法，从国情、教情出发科学谋划和推动一系列创新探索，在教育新理念新思想的指引下，深化办学体制、治理模式、人才培养体制和教育供给模式等方面的综合改革，有效激发了我国教育事业发展的活力。

面对加快提升人力资源开发水平、实现科技创新自立自强以及建成社会主义现代化强国等一系列宏伟目标任务，从举办着当今世界规模最大教育体系的国情和教情出发，结合在新时期诸多因素的影响和制约下，推进中国式教育现代化必须进一步深化综合改革，创新体制机制，有效破解人才培养、科技研发、技术服务、优秀文化传承创新和国际交流合作等环节中存在或新出现的问题与挑战。例如，在人才培养和供给方面，职业教育和高等教育的人才培养规模、结构、质量水平尚不能充分满足中国式现代化发展新需求，既缺乏一大批能够很好适应新型工业化以及制造强国、质量强国、航天强国、交通强国、网络强国、数字中国建设的拔尖创新人才和高层次专业化人才，又缺乏数以千万计的各类技术技能型应用人才，如仅在集成电路方面就存在30万的人才缺口，① 此外，在全球顶级人工智能人才中，中国仅占 11%，而美国接近 60%；② 在深化体制机制改革、促进科技创新和培育科研人才队伍方面，人才合理流动、青年人才脱颖而出、人才和科研成果评价、良性竞争以及实现"四个面向"、助力地方或区域产业发展等相关体制机制尚不健全；教育信息化、数字化水平不能充分满足教育变革、现代学校制度建设以及教育治理现代化的新需求，尚不能有效服务于开辟中国式教育现代化创新发展的新领域新赛道。

针对教育改革发展中存在或新出现的体制机制问题与困难，需要加强党对教育工作的全面领导，发挥制度优势，将自上而下地推动引导以及规划、政策、标准的出台与自下而上的实践探索、经验凝练总结和信息反馈有机结合起来，充分激发基层和一线的实践活力和发展动力，努力形成中国式教育现代化创新发展的生动局面。由此，一是要坚持"四个面向"，建立高校学科专业动态调整机制和特色发展引导机制，增强针对性，推进基础学科高层次人才培养模式改革，加快培养理工农医类专业紧缺人才。按照明确的教育服务面向，建立和完善导向性、保障性、督促性制度框架，引导和促进区域层面更为深入的科教合作及产教合作，培养适应产业结构优化升级、特别是适应集成电路、人工智能、

---

① 雍黎:《解集成电路人才之"渴"需产教深度融合》，中国科技网，http://www.stdaily.com/index/kejixinwen/2021-05/16/content_1133008.shtml，2021 年 5 月 16 日。

② Allison, Graham, Kevin Klyman, Karina Barbesino and Hugo Yen, "The Great Tech Rivalry: China vs the U.S.", Harvard Kennedy School, https://www.belfercenter.org/publication/great-tech-rivalry-china-vs-us., December 7, 2021.

工业互联网、储能等重点产业发展的高质量人才。二是要在通过国家产教融合创新平台、研究生联合培养基地等载体培养大批学术型和应用型高层次专门人才的同时，试点推行"双一流"建设大学与研发能力强大的高新技术头部企业联合培养高端应用创新人才计划，充分利用企业掌握的先进技术、先进设备、先进制度以及高效的创新文化，并通过人才培养内容、培养环节、评价标准、培养制度等的改革创新，加快培养一批迅速成长为抢占科技制高点中坚力量的拔尖创新人才。三是要围绕推进有组织的科研，发挥高校和教育领域人才蓄水池、流动站的重要作用，广泛吸引最优秀人才进入教育行业，以战略科学家、科技领军人才和创新团队以及高效科研服务和管理体制机制，承担科研创新的功能和使命。四是要着力实施国家教育数字化战略行动，以数字化为杠杆，撬动教育系统整体变革，推动数字教育资源共建共享、互联互通，赋能教师和学习者，催生未来教育的新业态、新模式。五是立足大国办教育实际，同时借鉴国际有效经验，建立中国式教育现代化监测评估体制，研发指标和工具体系，对照国家、区域发展战略和教育发展目标任务设计监测评估标准，发挥信息化、数字化、智能化技术优势，实现规范的监测评估结果反馈、支持精准施策和服务公共监督等功能，丰富大国教育治理理论和实践，走出一条中国式教育现代化数字治理新路径。

第五节　以改革完善投入机制为重点确保教育优先发展

邓小平曾指出："我们要千方百计，在别的方面忍耐一些，甚至于牺牲一点速度，把教育问题解决好。"①优先发展教育事业是一个内涵非常丰富的概念，包括政治、经济、人事、条件保障等诸多方面。但经费投入是其中一个基础性，也是与人民群众最直接、感受度最高的一个方面。经济学领域的"瓦格纳法则"（Wagner's Law）表明，随着人均收入水平的提高，人们对社会保护、履约和执法、文化教育等公共产品的需求不断扩大。由于这类公共品通常需要政府承担供给和支出责任，因此，政府支出占 GDP 的比重显现逐步提高的趋势。在瓦格纳法则揭示的一般趋势中，还显现出一个特殊的阶段性表现，即在 12000—23000 美元的人均 GDP 区间，政府总支出占 GDP 比重和社会性支出占政府总支出比重的提高速度都快于其他区间，这时期被称为"瓦格纳加速期"。②2021 年，中国人均 GDP 超过 12551 美元，已经非常接近高收入国家门槛。根据经济发展目标，即从目前人均 GDP 超过 10000 美元提高至 23000 美元，中国已经进入"瓦格纳加速期"，且这一时期将持续到 2035 年。教育是我国财政一般公共预算第一大支出，从以上分析来看，未来我国财政性教育经费占 GDP 的比例需要适当的提高。

此外，如上文提及，联合国《亚的斯亚贝巴行动议程》鼓励各国制定适合本国情况的教育开支目标，但下列国际和地区基准是至关重要的参照点：一是将至少 4% 到 6% 的 GDP 拨给教育；二是将至少 15% 到

① 邓小平：《科学技术是第一生产力》，求是网，http://www.qstheory.cn/books/2019-07/31/c_1119485398_90.htm，2019 年 7 月 31 日。

② 蔡昉、贾朋：《构建中国式福利国家的理论和实践依据》，《中国人民大学复印报刊资料》（理论经济学）2022 年第 10 期。

20% 的公共开支拨给教育。尽管近十年来，我国国家财政性教育经费支出占 GDP 比例均在 4% 以上，符合国际倡议，但也仅是刚刚达到国际标准，与发达国家相比还有不少的差距。从财政性教育经费占 GDP 比例的国际比较来看，2020 年，国家财政性教育经费占 GDP 比例的世界平均水平为 4.3%；欧盟成员国平均水平为 5.1%，经合组织成员国的平均水平为 5.3%，高收入国家的平均水平为 5.2%，中高收入国家的平均水平为 4.1%。从具体国家来看，2020 年美国在该指标的值为 6.1%、英国为 5.5%、德国为 4.7%、法国为 5.5%、芬兰为 5.9%、加拿大为 5.2%、澳大利亚为 6.1%。相比而言，2020 年我国 GDP 为 1015986 亿元，国家财政性教育经费占 GDP 比例为 4.22%，不及韩国的 4.7%、印度的 4.5%，且值得提及的是印度国家财政性教育经费支出占 GDP 的比例自 2015 年（4.1%）呈明显增加的趋势。

对发展教育的高度重视是工业革命以来世界强国成功的最大秘诀，加大教育投入始终是教育强国的基本政策。[1] 由此，第一，要确保国家财政性教育经费支出占 GDP 比例达到 4% 并适时增长这一定海神针。教育投入是教育高质量改革发展的保障，也是教育改革的内容之一。2012 年国家财政性教育经费支出占 GDP 的比例首次超过 4%，同时，坚持"三个增长"。这是教育优先发展的定海神针，不能动摇。第二，要建立并不断完善各方合理分担教育培养成本的机制，增加社会投入。

---

[1]　中国教育科学研究院课题组：《寻脉教育强国建设国际经验》，《中国教育报》2023 年 4 月 27 日。

2020 年，我国各级教育的生均教育经费总支出，按汇率美元计算，仅相当于 2017 年经合组织成员国平均、欧盟国家平均的 24%—37%。这不能够有效支撑和保障教育强国建设的需要。因此，除了要继续增加财政投入之外，还要挖掘社会投入的增长点。目前，我国学费收入、社会力量以及其他渠道投入占 GDP 的比重只有 1% 左右。第三，要下大决心改革经费支出结构，把经费支出主要用在教师身上，要明显提升教师在社会总群体中的收入层次。有很多教育经济学家认为，当前教育经费最突出的问题还不是总量问题，而是使用效率问题，就是我们把经费主要用在"物"方面而不是"人"上。国内外诸多研究都发现，把经费用在教师身上，对学生（尤其是中小学生）的溢出效用最为明显。此外，探索实施在省级层面统筹义务教育保障水平。义务教育阶段的高质量均衡，对推动共同富裕起着基础性、持久性和引领性作用，而且也是社会主义优越性的重要体现。在过去一段时间，我国义务教育实施的是以县为主的管理体制。这个体制对促进义务教育的县域均衡起着关键性的作用。从 2012—2021 年，我国义务教育在实现全面普及的基础上，仅用 10 年左右时间实现了县域基本均衡发展，但不同县之间的差距还比较大。探索实施义务教育投入保障机制上升到省域层次，实现不同区县之间的教育均衡，将树立教育公平的新标杆，为共同富裕示范区建设夯实最深厚的基础，也是教育推动共同富裕的标志性举措。

最后，要进一步加强高质量专业化教师队伍建设，教师队伍是推动教育发展最重要的抓手。习近平总书记在 2018 年全国教育大会上强调，建设社会主义现代化强国对教师队伍建设提出新的更高要求，要坚持把教师队伍建设作为基础性工作。①习近平总书记在 2023 年 5 月 29 日中央政治局就建设教育强国进行第五次集体学习时发表的重要讲话再次强调，"强教必先强师。要把加强教师队伍建设作为建设教育强国最重要的基础工作来抓，健全中国特色教师教育体系，大力培养造就一支师德高尚、业务精湛、结构合理、充满活力的高素质专业化教师队伍"。②新时代我国推动教育现代化的改革发展，必须全面加强高质量专业化教师队伍建设。加强师资队伍建设涉及诸如师德师风建设、提高教师的地位和待遇等多个方面，其中最为关键的是着力破解教师专业发展的体制机制障碍，要进一步健全教师资格制度，提高教师准入门槛，有步骤有计划地逐步提高幼儿园、中小学教育阶段的教师入职学历标准；二是优化教师职前教育、岗前培训与职后发展连续动态衔接机制，细化教师工作标准，有序推进教师交流轮岗与学习共同体建设；三是完善教师待遇保障制度，推进教师职称制度改革，适当提升中小学教育阶段中级、高级教师的岗位比例等，努力提高教师政治地位、社会地位和职业地位。

---

① 习近平：《坚持中国特色社会主义教育发展道路　培养德智体美劳全面发展的社会主义建设者和接班人》，教育部，http://www.moe.gov.cn/jyb_xwfb/s6052/moe_838/201809/t20180910_348145.html，2018 年 9 月 10 日。

② 习近平：《扎实推动教育强国建设》，《求是》2023 年第 18 期。

附　录

附录 1　实施可持续发展目标 4 中国进展（2015—2021）

序　号	指标名称		年　份	
			2015 年	2021 年
教育 2030 行动框架（FFA）				
	政府教育支出占国内生产总值（GDP）的百分比（%）		4.26	4.01
目标 1				
1.a	到 2030 年，确保从各种来源，包括通过加强发展合作充分调动资源，为发展中国家、特别是最不发达国家提供充足和可预见的手段以执行相关计划和政策，消除一切形式的贫穷			
1.a.2	政府总支出中用于基本服务（教育）的比例（%）		14.70	15.25
目标 4				
4.1	到 2030 年，确保所有男女童完成免费、公平和优质的中小学教育，并取得相关和有效的学习成果			
4.1.1	在（a）2 或 3 年级、（b）小学结束时、（c）初中结束时，（i）阅读和（ii）数学能力至少达到最低限度熟练水平的儿童和青年比例（%），按性别划分	a 阅读	81.8（2016）	81.7（2019）
		a 数学	84.6	84.8（2018）
		c 阅读	79.6（2016）	79.3（2019）
		c 数学	78.9	78.8（2018）

---

① 除特别说明外，数据均来自国家教育事业发展统计数据。

② 该指标的数据为国家义务教育质量监测的中等以上比例数据，评测对象为四年级（对应指标的 a，2/3 年级）和八年级（对应指标的 c，初中毕业年级），根据 SDG4 指标监测规则，可接受国家测评数据，及评测年级 +1 或 −1。

序　号	指标名称		年　份	
			2015 年	2021 年
4.1.2	完成率（小学、初中、高中阶段教育）（%）	小学	99.0	99.0（2020）
		初中	97.1	97.1（2020）
		高中	66.3	73.6（2020）
4.1.3	小学净入学率（%）	小学	99.9	＞99.9
4.1.4	义务教育巩固率（%）	义务教育	93.0	95.4
4.1.6	在（a）2 或 3 年级、（b）小学教育结束时、（c）初中教育结束时，进行具有全国代表性的学习评估	a 阅读	有	有
		a 数学	有	有
		c 阅读	有	有
		c 数学	有	有
4.1.7	法律框架保障的教育年数：（a）免费和（b）义务教育与中学教育	义务	9	9
		免费	9	9
4.2	到 2030 年，确保所有男女童获得优质儿童早期发展、看护和学前教育，为接受小学教育做好准备			
4.2.2	小学招生中接受过学前教育的比例（%）		98.0	99.5
4.2.4	学前教育毛入园率（%）		75.0	88.1
4.3	到 2030 年，确保所有男女平等获得负担得起的优质技术、职业和高等教育，包括大学教育			
4.3.2	高等教育毛入学率（%）		40	57.8
4.6	到 2030 年，确保所有青年和大部分成年男女具有识字和计算能力			
4.6.2	青年 / 成人识字率（%）		99.30/95.12	99.79/96.74
4.7	可持续发展教育和全球公民教育			
4.7.2	提供基于生活技能的艾滋病和性教育的学校百分比（%）		—	90
4.7.5	初中教育中学生对环境科学和地球科学知识熟练掌握的百分比（%）		83.6（2017）	79.5
4.a	建立和改善兼顾儿童、残疾和性别平等的教育设施，为所有人提供安全、非暴力、包容和有效的学习环境			

序　号	指标名称			年　份	
				2015 年	2021 年
4.a.1	提供基本服务的学校比例（％），按服务设施类型划分	小学	饮用水	—	99.6
			基本卫生厕所	—	99.6
			基本洗手设施	—	99.5
		中小学	电力	—	99.5
			教学用计算机	—	98.7
			互联网	80.6	100
4.b	到 2020 年，在全球范围内大幅增加发达国家和部分发展中国家为发展中国家，特别是最不发达国家、小岛屿发展中国家和非洲国家提供的高等教育奖学金数量，包括职业培训和信息通信技术、技能、工程、科学项目的奖学金				
4.b.1	按部门和学习类型划分的用于奖学金的官方发展援助数额（百万美元）	奖学金		18	22
		学生成本估算		317	349
4.c	到 2030 年，大幅增加合格教师的供给，包括通过国际合作在发展中国家，特别是最不发达国家和小岛屿发展中国家进行教师培训				
4.c.1	接受过在特定国家相关教育层级执教所需的至少是最低限度的有组织的职前或在职师资培训（如教学方法培训）的（a）学前、（b）小学、（c）初中和（d）高中教师比例，按行分列	学前		100	100
		小学		100	100
		初中		100	100
		普通高中		100	100
4.c.2	学生与受过培训的教师之比，按教育阶段水平划分	学前		18.1	15.1
		小学		17.1	16.3
		初中		12.4	12.6
		普通高中		14.0	12.8
4.c.3	符合国家标准的合格教师百分比（％），按教育阶段水平和机构类型划分	学前		97.8	99.0
		小学		99.9	100
		初中		99.7	99.9
		普通高中		97.7	98.8
4.c.4	学生与合格教师之比，按教育阶段水平划分	学前		18.5	15.2
		小学		17.1	16.3
		初中		12.4	12.6
		普通高中		14.3	13.0

序　号	指标名称		年　份	
			2015 年	2021 年
4.c.6	专任教师岗位退出率（%）	学前	—	3.3
		小学		5.5
		初中		3.8
		普通高中		1.9
4.c.7	过去 12 个月内接受过在职培训的教师百分比，按培训类型分列	学前	—	97.8
		小学		98.3
		初中		98.0
		普通高中		98.2

　　备注：表中只呈现了适应我国教育情况的可持续发展目标 4 监测指标，故序号与"可持续发展目标 4 指标的正式清单"相比有所缺少。

　　资料来源：教育部：《联合国 2030 年可持续发展议程教育目标（SDG4）中国进展报告（2015—2021）》（内部资料）。

附录 2　可持续发展目标 4 指标的正式清单（2022 年 3 月）的 CIPP 结果链

CIPP 结果链		教育 2030 行动框架（FFA）
投入		政府教育支出占国内生产总值（GDP）的百分比
投入	1.a.2	政府总支出中用于基本服务（教育）的比例
4.1　到 2030 年，确保所有男女童完成免费、公平和优质的中小学教育，并取得相关和有效的学习成果		
背景	4.1.0	为未来做好准备的儿童 / 青少年比例，按性别划分
产出 / 结果	4.1.1	在（a）2 或 3 年级、（b）小学结束时、（c）初中结束时，获得起码的（i）阅读和（ii）数学能力（至少达到最低限度熟练水平）的儿童和青年比例，按性别划分
产出 / 结果	4.1.2	完成率（小学教育、初中教育、高中教育）
产出 / 结果	4.1.3	最后一年级毛在学率（小学教育、初中教育）
结果	4.1.4	失学率（小学教育的前一年、小学教育、初中教育、高中教育）
过程	4.1.5	年级超龄儿童百分比（小学教育、初中教育）
背景	4.1.6	在（a）2 或 3 年级、（b）小学教育结束时、（c）初中教育结束时，进行具有全国代表性的学习评估
背景 / 投入	4.1.7	法律框架保障的教育年数：（a）免费和（b）义务教育与中学教育
4.2　到 2030 年，确保所有男女童获得优质儿童早期发展、看护和学前教育，为他们接受小学教育做好准备		
背景	4.2.1	24—59 个月大的儿童在健康、学习和社会心理健康方面发育正常的比例，按性别划分
过程	4.2.2	有组织学习（比小学正式入学年龄早一年）的参与率，按性别划分
背景	4.2.3	5 岁以下儿童有积极和鼓励的家庭学习环境体验的百分比
过程	4.2.4	儿童早期教育的毛入学率：（a）学前教育和（b）儿童早期教育发展
背景 / 投入	4.2.5	法律框架中保障的（a）免费和（b）义务学前教育的年数
4.3　到 2030 年，确保所有男女平等获得负担得起的优质技术、职业和高等教育，包括大学教育		
过程	4.3.1	过去 12 个月内青年和成人参与正规和非正规教育和培训的比率，按性别划分
过程	4.3.2	高等教育毛入学率，按性别划分
过程	4.3.3	职业技术（专业）教育的参与率（15 至 24 岁的年轻人），按性别划分

CIPP 结果链		教育 2030 行动框架（FFA）
4.4　到 2030 年，大幅增加掌握就业、体面工作和创业所需相关技能（包括技术和职业技能）的青年和成年人数		
产出 / 结果	4.4.1	掌握信息通信技术（ICT）的青年和成人比例，按技能类型划分
产出 / 结果	4.4.2	在数字知识技能方面至少达到最低熟练程度的青年 / 成人的百分比
产出 / 结果	4.4.3	青年 / 成人受教育程度的百分比率，按年龄组和教育水平划分
4.5　到 2030 年，消除教育中的性别差距，确保残疾人、土著居民和处境脆弱儿童等弱势群体平等获得各级教育和职业培训		
产出 / 结果	4.5.1	本清单上可以分类的所有教育指标的均等指数（女性 / 男性、农村 / 城市、最贫穷 / 最富有的财富五分位，以及具备有关数据的其他情况，例如残疾状况、土著居民、受冲突影响的群体等）
背景	4.5.2	a）低年级、b）小学毕业、c）初中毕业的学生中，以第一语言或母语作为教学语言的比例
背景	4.5.3	存在将教育资源重新分配给弱势人群的供资机制
投入	4.5.4	学生人均教育支出，按教育阶段水平和资金来源划分
投入	4.5.5	分配给最不发达国家的教育援助总额的百分比
4.6　到 2030 年，确保所有青年和大部分成年男女具有识字和计算能力		
产出 / 结果	4.6.1	某一特定年龄组中获得至少达到既定熟练水平实用（a）读写和（b）计算技能的人口百分比，按性别划分
产出 / 结果	4.6.2	青年 / 成人识字率（文盲率）
过程	4.6.3	文盲青年 / 成人参与扫盲计划的比率
4.7　到 2030 年，确保所有进行学习的人都掌握可持续发展所需的知识和技能，具体做法包括开展可持续发展、可持续生活方式、人权和性别平等方面的教育、弘扬和平和非暴力文化、提升全球公民意识，以及肯定文化多样性和文化对可持续发展的贡献		
过程	4.7.1	（i）全球公民教育和（ii）可持续发展教育，多大程度上在（a）国家教育政策、（b）课程、（c）师范教育和（d）学生评估等方面进入主流化的程度
背景 / 过程	4.7.2	提供基于生活技能的艾滋病和性教育的学校百分比
产出 / 结果	4.7.3	对全球公民和可持续发展相关问题表现出充分认识和理解的初中学生百分比
产出 / 结果	4.7.4	对环境科学和地球科学知识表现出足够认识的初中学生百分比

CIPP 结果链		教育 2030 行动框架（FFA）
4.a 建立和改善兼顾儿童、残疾和性别平等的教育设施，为所有人提供安全、非暴力、包容和有效的学习环境		
背景 / 投入	4.a.1	提供基本服务的学校比例，按服务类型划分
结果	4.a.2	在过去的 12 个月中遭遇欺凌的学生百分比，a）小学和 b）初中教育阶段
结果	4.a.3	学生、工作人员和机构受到攻击的次数
4.b 到 2020 年，在全球范围内大幅增加发达国家和部分发展中国家为发展中国家，特别是最不发达国家、小岛屿发展中国家和非洲国家提供的高等教育奖学金数量，包括职业培训和信息通信技术、技能、工程、科学项目的奖学金		
投入	4.b.1	按部门和学习类型划分的用于奖学金的官方发展援助数量
4.c 到 2030 年，大幅增加合格教师的供给，包括通过国际合作在发展中国家，特别是最不发达国家和小岛屿发展中国家进行教师培训		
投入	4.c.1	按教育阶段水平划分，具有最低要求资格的教师比例
过程	4.c.2	学生与受过训练的教师之比（Pupil-trained teacher ratio），按教育阶段水平划分
投入	4.c.3	符合国家标准的教师百分比，按教育阶段水平和机构类型划分
过程	4.c.4	学生与合格教师的比例（Pupil-qualified teacher ratio），按教育阶段水平划分
投入	4.c.5	相对于其他需要类似资格水平（教育程度）的职业，教师的平均工资
结果	4.c.6	教师流失率，按教育阶段水平划分
投入	4.c.7	过去 12 个月内接受过在职培训的教师百分比，按培训类型分列

附录 3　纳入本书分析的国家名单

国　家	区　域	收入水平
澳大利亚	东亚和太平洋地区	高收入
奥地利	欧洲和中亚	高收入
阿塞拜疆	欧洲和中亚	中高收入
比利时	欧洲和中亚	高收入
巴西	拉丁美洲和加勒比地区	中高收入
保加利亚	欧洲与中亚	中高收入
加拿大	北美洲	高收入
智利	拉丁美洲和加勒比地区	高收入
中国	东亚及太平洋地区	中高收入
哥伦比亚	拉丁美洲和加勒比地区	中高收入
哥斯达黎加	拉丁美洲及加勒比地区	中高收入
捷克共和国	欧洲和中亚	高收入
丹麦	欧洲和中亚	高收入
多米尼加共和国	拉丁美洲和加勒比地区	中高收入
厄瓜多尔	拉丁美洲和加勒比地区	中高收入
芬兰	欧洲和中亚	高收入
法国	欧洲和中亚	高收入
德国	欧洲和中亚	高收入
希腊	欧洲和中亚	高收入
危地马拉	拉丁美洲和加勒比地区	中高收入
匈牙利	欧洲和中亚	高收入
印度	南亚	中低收入
爱尔兰	欧洲和中亚	高收入
以色列	中东和北非	高收入
意大利	欧洲和中亚	高收入
日本	东亚和太平洋地区	高收入
约旦	中东和北非	中高收入
哈萨克斯坦	欧洲和中亚	中高收入

国　家	区　域	收入水平
韩国	东亚和太平洋地区	高收入
马来西亚	东亚和太平洋地区	中高收入
墨西哥	拉丁美洲和加勒比地区	中高收入
荷兰	欧洲和中亚	高收入
新西兰	东亚和太平洋地区	高收入
挪威	欧洲和中亚	高收入
巴拉圭	拉丁美洲和加勒比地区	中高收入
秘鲁	拉丁美洲和加勒比地区	中高收入
波兰	欧洲和中亚	高收入
葡萄牙	欧洲和中亚	高收入
罗马尼亚	欧洲和中亚	高收入
塞尔维亚	欧洲和中亚	中高收入
新加坡	东亚和太平洋地区	高收入
斯洛伐克共和国	欧洲和中亚	高收入
南非	撒哈拉以南非洲	中高收入
西班牙	欧洲和中亚	高收入
瑞典	欧洲和中亚	高收入
瑞士	欧洲和中亚	高收入
泰国	东亚和太平洋地区	中高收入
土耳其	欧洲和中亚	中高收入
阿拉伯联合酋长国	中东与北非	高收入
英国	欧洲和中亚	高收入
美国	北美洲	高收入

附录 4　可持续发展目标 4 指标的正式清单（2022 年 3 月）

教育 2030 行动框架（FFA）	
	政府教育支出占国内生产总值（GDP）的百分比
目标 1	
1.a	到 2030 年，确保从各种来源，包括通过加强发展合作充分调动资源，为发展中国家、特别是最不发达国家提供充足和可预见的手段以执行相关计划和政策，消除一切形式的贫穷
1.a.2	政府总支出中用于基本服务（教育）的比例
目标 4	
4.1	到 2030 年，确保所有男女童完成免费、公平和优质的中小学教育，并取得相关和有效的学习成果
4.1.0	为未来做好准备的儿童 / 青少年比例，按性别划分
4.1.1	在（a）2 或 3 年级、（b）小学结束时、（c）初中结束时，获得起码的（i）阅读和（ii）数学能力（至少达到最低限度熟练水平）的儿童和青年比例，按性别划分
4.1.2	完成率（小学教育、初中教育、高中教育）
4.1.3	最后一年级毛在学率（小学教育、初中教育）
4.1.4	失学率（小学教育的前一年、小学教育、初中教育、高中教育）
4.1.5	年级超龄儿童百分比（小学教育、初中教育）
4.1.6	在（a）2 或 3 年级、（b）小学教育结束时、（c）初中教育结束时，进行具有全国代表性的学习评估
4.1.7	法律框架保障的教育年数：（a）免费和（b）义务教育与中学教育
4.2	到 2030 年，确保所有男女童获得优质儿童早期发展、看护和学前教育，为他们接受小学教育做好准备
4.2.1	24—59 个月大的儿童在健康、学习和社会心理健康方面发育正常的比例，按性别划分
4.2.2	有组织学习（比小学正式入学年龄早一年）的参与率，按性别划分
4.2.3	5 岁以下儿童有积极和鼓励的家庭学习环境体验的百分比
4.2.4	儿童早期教育的毛入学率：（a）学前教育和（b）儿童早期教育发展
4.2.5	法律框架中保障的（a）免费和（b）义务学前教育的年数
4.3	到 2030 年，确保所有男女平等获得负担得起的优质技术、职业和高等教育，包括大学教育
4.3.1	过去 12 个月内青年和成人参与正规和非正规教育和培训的比率，按性别划分

教育 2030 行动框架（FFA）	
4.3.2	高等教育毛入学率，按性别划分
4.3.3	职业技术（专业）教育的参与率（15 至 24 岁的年轻人），按性别划分
4.4	到 2030 年，大幅增加掌握就业、体面工作和创业所需相关技能（包括技术和职业技能）的青年和成年人数
4.4.1	掌握信息通信技术（ICT）的青年和成人比例，按技能类型划分
4.4.2	在数字知识技能方面至少达到最低熟练程度的青年 / 成人的百分比
4.4.3	青年 / 成人受教育程度的百分比率，按年龄组和教育水平划分
4.5	到 2030 年，消除教育中的性别差距，确保残疾人、土著居民和处境脆弱儿童等弱势群体平等获得各级教育和职业培训
4.5.1	本清单上可以分类的所有教育指标的均等指数（女性 / 男性、农村 / 城市、最贫穷 / 最富有的财富五分位，以及具备有关数据的其他情况，例如残疾状况、土著居民、受冲突影响的群体等）
4.5.2	a）低年级、b）小学毕业、c）初中毕业的学生中，以第一语言或母语作为教学语言的比例
4.5.3	存在将教育资源重新分配给弱势人群的供资机制
4.5.4	学生人均教育支出，按教育阶段水平和资金来源划分
4.5.5	分配给最不发达国家的教育援助总额的百分比
4.6	到 2030 年，确保所有青年和大部分成年男女具有识字和计算能力
4.6.1	某一特定年龄组中获得至少达到既定熟练水平实用（a）读写和（b）计算技能的人口百分比，按性别划分
4.6.2	青年 / 成人识字率（文盲率）
4.6.3	文盲青年 / 成人参与扫盲计划的比率
4.7	到 2030 年，确保所有进行学习的人都掌握可持续发展所需的知识和技能，具体做法包括开展可持续发展、可持续生活方式、人权和性别平等方面的教育、弘扬和平和非暴力文化、提升全球公民意识，以及肯定文化多样性和文化对可持续发展的贡献
4.7.1	（i）全球公民教育和（ii）可持续发展教育，多大程度上在（a）国家教育政策、（b）课程、（c）师范教育和（d）学生评估等方面进入主流化的程度
4.7.2	提供基于生活技能的艾滋病和性教育的学校百分比
4.7.3	世界人权教育方案框架在全国的实施程度（根据联合国大会第 59/113 号决议）
4.7.4	对全球公民和可持续发展相关问题表现出充分认识和理解的初中学生百分比

教育 2030 行动框架（FFA）	
4.7.5	对环境科学和地球科学知识表现出足够认识的初中学生百分比
4.7.6	国家教育政策和教育部门计划在多大程度上认识到国家教育系统中需要加强技能的广度
4.a	建立和改善兼顾儿童、残疾和性别平等的教育设施，为所有人提供安全、非暴力、包容和有效的学习环境
4.a.1	提供基本服务的学校比例，按服务类型划分
4.a.2	在过去的 12 个月中遭遇欺凌的学生百分比，a）小学和 b）初中教育阶段
4.a.3	学生、工作人员和机构受到攻击的次数
4.b	到 2020 年，在全球范围内大幅增加发达国家和部分发展中国家为发展中国家，特别是最不发达国家、小岛屿发展中国家和非洲国家提供的高等教育奖学金数量，包括职业培训和信息通信技术、技能、工程、科学项目的奖学金
4.b.1	按部门和学习类型划分的用于奖学金的官方发展援助数量
4.c	到 2030 年，大幅增加合格教师的供给，包括通过国际合作在发展中国家，特别是最不发达国家和小岛屿发展中国家进行教师培训
4.c.1	按教育阶段水平划分，具有最低要求资格的教师比例
4.c.2	学生与受过训练的教师之比（Pupil-trained teacher ratio），按教育阶段水平划分
4.c.3	符合国家标准的教师百分比，按教育阶段水平和机构类型划分
4.c.4	学生与合格教师的比例（Pupil-qualified teacher ratio），按教育阶段水平划分
4.c.5	相对于其他需要类似资格水平（教育程度）的职业，教师的平均工资
4.c.6	教师流失率，按教育阶段水平划分
4.c.7	过去 12 个月内接受过在职培训的教师百分比，按培训类型分列

资料来源：https://tcg.uis.unesco.org/wp-content/uploads/sites/4/2020/09/SDG4_indicator_list.pdf。

附录 5　中国式教育现代化国际方位指标体系及阈值

序　号	指　标		阈　值
1	政府教育支出占国内生产总值（GDP）的百分比（%）		观察值的最大最小值
2	政府总支出中用于基本服务（教育）的比例（%）		观察值的最大最小值
3	高中阶段教育完成率（%）		[0，100]
4	最后一学年毛在学率（小学、初中）	4.1 小学五年保留率（%）	[0，100]
		4.2 九年义务教育巩固率（%）	[0，100]
5	基础教育毛入学/园率	5.1 学前教育毛入园率（%）	[0，100]
		5.2 小学阶段教育毛入学率（%）	[0，100]
		5.3 初中阶段教育毛入学率（%）	[0，100]
6	普惠性幼儿园在园幼儿比例（%）		[0，100]
7	高中阶段教育毛入学率（%）		[0，100]
8	高等教育毛入学率（%）		[0，100]
9	高校毕业生中 STEM 专业占比（%）		[0，100]
10	劳动年龄人口平均受教育年限		观察值的最大最小值
11	成人识字率（%）		[0，100]
12	生均财政保障水平（PPP$）	12.1 幼儿园生均财政经费支出	观察值自然对数的最大最小值
		12.2 小学生均财政经费支出	
		12.3 初中生均财政经费支出	
		12.4 高中生均财政经费支出	
		12.5 高校生均财政经费支出	
13	高等教育留学生占全球留学生的比例（%）		观察值的最大最小值
14	学生与合格教师的比例	14.1 学前教育生师比	观察值的最大最小值
		14.2 小学阶段生师比	观察值的最大最小值
		14.3 初中阶段生师比	观察值的最大最小值
		14.4 高中阶段生师比	观察值的最大最小值
15	教师平均工资收入（PPP$）	15.1 学前教育教师平均工资	观察值自然对数的最大最小值
		15.2 小学阶段教师平均工资	
		15.3 初中阶段教师平均工资	
		15.4 高中阶段教师平均工资	

序 号	指 标		阈 值
16	过去 12 个月内接受过在职培训的教师百分比	16.1 小学阶段教师（%）	[0, 100]
		16.2 初中阶段教师（%）	[0, 100]
17	法律框架中保障的学前教育年数		—
18	法律框架保障的义务教育年数		—
19	存在将教育资源重新分配给弱势人群的供资机制		—
20	人均 GDP		—
21	全球人才竞争力指数 (IMD)		—
22	全球创新指数 (GII)		—
23	全球竞争力指数（WEF）		—

备注：标记为"—"的指标或监测点不参与指数拟合计算。

后 记

中国始终把自身发展置于人类发展的坐标系中，在紧密联系世界中发展自身，并以自身发展促进世界的繁荣稳定。总体实现教育现代化、建成教育强国是2035年我国发展的总体目标之一，也是把我国建成综合国力和国际影响力领先的社会主义现代化强国的内在要求。作为中国式现代化重要领域的教育现代化，必须扎根中国大地，基于中国教育行动实践，借鉴吸收人类一切优秀文明成果，既符合时代要求和世界教育发展潮流，又彰显中国本土特色。中国式教育现代化呼应并推动教育强国建设，教育强国建设进程需要在中国式现代化的宏伟蓝图中进行审视。进入新时代以来，我国在教育现代化发展之路上取得了历史性、跨越式发展的成就。中国式教育现代化所取得的成就要在中国基本国情下进行研判，同时也需要拓展世界眼光，在全球视野中多维度立体呈现和准确理解中国式教育现代化的发展成效，在国际比较中研判教育强国何以为强，进而凝练和彰显中国式教育现代化的优势和特色，并发现需要克服的短板和弱项，助推规划未来中国式教育现代化发展方向和进路，加快教育强国建设。同时，向世界展示真实立体全面的中国式教育现代化图景，加强中国教育现代化实践探索经验和发展成效的国际传播，是践行共商共建共享的全球治理观，积极参与全球教育治理体系改革和建设，为推动构建可持续发展的全球教育治理体系提供中国智慧、中国方案、中国力量的重要现实体现。

本书是上海哲学社会科学规划"研究阐释党的二十大精神"专项课题"中国式教育现代化国际方位与发展趋势研究"〔2023VZH020〕研究成果的修订和完善，也是基于长三角教育现代化监测评估工作的专题深化研究，是对党的教育理论、政策、实践和中国式教育现代化成就的最新研究成果。面对加快推进教育现代化、建设教育强国的新形势新要求，在推进本书的研究工作过程中，笔者认为应尽早启动以《中国教育现代化2035》《教育强国建设规划纲要》等国家重大战略为主要依据的国家教育监测评估战略行动，服务党和国家的教育科学决策和教育行政部门的精准施策，促进各级教育高质量发展，加快推进教育现代化和教育强国建设，办好人民满意的教育。同时，通过探索中国式教育现代化改革发展和有效落实联合国教科文组织"教育2030行动框架"的中国之路，为在国际社会讲好中国教育故事、贡献中国教育现代化改革发展经验，推进全球教育治理现代化作出新的贡献。

本书的付梓出版得到了多方面的大力支持和帮助。本书的相关研究内容曾在不同场合，与多位专家进行过专门的研讨，如张民选、张珏、陆璟、李伟涛、宁波、胡国勇、黄海涛、闫温乐、吕杰昕、张华峰、陈慧、胡啸天等专家学者，他们为本书提供了很多真知灼见，在此一并表示衷心感谢。最后，我还要特别感谢上海市委宣传部对本书的资助出版，感谢本书责任编辑李莹对书稿进行的精心审阅和校对。由于教育现代化进程的复杂性及受诸多因素的影响和制约，加之数据可及性和国家间可比性等多方面的挑战，本书在数据跟踪和深度挖掘分析等方面尚有待进一步深化，需要持续加强研究。由于时间和精力所限，尤其是限于研究水平和能力，本书存在不足或疏漏之处在所难免，恳请得到方家和读者的批评指正。

王中奎

2023 年 8 月

图书在版编目(CIP)数据

中国特色世界水平的现代教育探索/王中奎著. —
上海:上海人民出版社,2023
ISBN 978 - 7 - 208 - 18607 - 1

Ⅰ.①中…　Ⅱ.①王…　Ⅲ.①现代教育-教育现代化
-研究-中国　Ⅳ.①G52

中国国家版本馆 CIP 数据核字(2023)第 197316 号

责任编辑　李　莹
封面设计　汪　昊

中国特色世界水平的现代教育探索

王中奎　著

出　　版　上海人&出版社
　　　　　　(201101　上海市闵行区号景路 159 弄 C 座)
发　　行　上海人民出版社发行中心
印　　刷　上海新华印刷有限公司
开　　本　787×1092　1/16
印　　张　17.25
插　　页　2
字　　数　174,000
版　　次　2023 年 11 月第 1 版
印　　次　2023 年 11 月第 1 次印刷
ISBN 978 - 7 - 208 - 18607 - 1/G · 2172
定　　价　78.00 元